Compreensão de textos

Compreensão de textos

Márcia Peruzzi E. da Mota
Alina Spinillo
(Organizadoras)

Casa do Psicólogo®
uma empresa PEARSON

1ª Edição *2013*
1ª Reimpressão *2015*
Editor: *Ingo Bernd Güntert*
Gerente Editorial: *Fabio Melo*
Coordenadora Editorial: *Marcela Roncalli*
Assistente Editorial: *Cíntia de Paula*
Produção Editorial e Capa: *Casa de Ideias*

Dados Internacionais de Catalogação na Publicação (CIP)
Angélica Ilacqua CRB-8/7057

Compreensão de textos : processos e modelos / organizado por Márcia Maria Peruzzi Elia da Mota, Alina Spinillo. - São Paulo : Casa do Psicólogo, 2015.

Vários autores
ISBN 978-85-8040-177-6

1. Psicologia 2. Compreensão de textos 3. Leitura 4. Estratégias metacognitivas I. Mota, Márcia Maria Peruzzi Elia da II. Spinillo, Alina

13-0003 CDD 808.0469

Índices para catálogo sistemático:

1. Compreensão na leitura

Impresso no Brasil
Printed in Brazil

As opiniões expressas neste livro, bem como seu conteúdo, são de responsabilidade de seus autores, não necessariamente correspondendo ao ponto de vista da editora.

Casapsi Livraria e Editora Ltda.
Avenida Francisco Matarazzo, 1500 - Conjunto 51
Edifício New York - Centro Empresarial Água Branca
Barra Funda - São Paulo/SP - CEP 05001-100
Tel. Fax: (11) 3672-1240
www.casadopsicologo.com.br

Prefácio

Este livro é sobre compreensão de texto. Tema clássico na literatura psicológica, porém sempre atual e intrigante, que ainda constitui um desafio para os estudiosos da área que procuram entender suas diferentes facetas e as relações entre este fenômeno e outros aspectos da cognição humana por meio da criação de modelos teóricos e da investigação dos diversos fatores que o constituem. Este tema é também um desafio para educadores que buscam desenvolver em seus alunos a competência de extrair significado dos textos com os quais se deparam em toda sua trajetória acadêmica e de cuja compreensão o seu sucesso escolar depende muito. Contudo, a necessidade de compreender textos extrapola a necessidade de alcançar o sucesso escolar, pois é através dessa compreensão que o indivíduo se torna um usuário competente da língua materna, aumentando em muito as possibilidades de alcançar o sucesso e a inserção social em suas mais diversas manifestações.

Assim, evidencia-se a relevância de apresentar à comunidade acadêmica um livro que trate deste tema. O tratamento dado à compreensão de texto nesta obra é marcado por uma preocupação em apresentar e discutir modelos teóricos advindos da Psicologia Cognitiva que explicam e descrevem os fatores e processos que participam da ação de compreender textos. Associada a esta preocupação, evidencia-se um imenso gosto pela pesquisa e a firme convicção de que resultados de estudos empíricos dão corpo e sustentação às teorias; assim como as expandem e as avaliam. Decorre deste gosto e convicção o fato de que cada um dos capítulos oferece ao leitor o acesso a uma ampla revisão da literatura no que tange a pesquisas conduzidas no país e no exterior. Ao ter acesso aos resultados gerados por essas investigações, o leitor (sobretudo aquele com interesse em realizar pesquisas na área) poderá, ainda, constatar a grande diversidade de opções metodológicas adotadas pelos estudiosos. Essa diversidade tanto reflete concepções teóricas como também formas de acessar e avaliar as diferentes facetas da compreensão textual. A obra também tem a preocupação de gerar reflexões de natureza educacional no que concerne ao ensino da leitura e à possibilidade de desenvolver a compreensão de textos na sala de aula. Nesse sentido, educadores poderão ter a oportunidade de levantar questões sobre sua própria concepção e prática pedagógica, pensando em como conduzir práticas alternativas que visem desenvolver a compreensão textual de seus alunos, tornando-a um objeto de ensino que pode ser didaticamente tratado.

No Capítulo 1, Soares e Emmerick fazem uma ampla revisão da literatura, discutindo tanto os processos básicos como os processos de alto nível envolvidos na compreensão textual, conferindo especial ênfase ao processo inferencial e às estratégias metacognitivas acionadas pelo leitor. Finalizando o capítulo, as autoras apresentam os principais modelos de compreensão de textos que norteiam muitos dos estudos conduzidos na área.

No Capítulo 2, A. Roazzi , Hodges, Queiroga, Asfora e M. Roazzi ressaltam a complexidade e a variedade de aspectos que estão em jogo durante a compreensão textual, os quais são de natureza linguística, cognitiva e metacognitiva. O capítulo explora cada um desses aspectos tanto em termos das demandas impostas ao leitor como em termos teóricos, a partir da análise de alguns modelos explicativos documentados na literatura. Um ponto de destaque é a discussão a respeito das relações entre metacognição e compreensão de textos, em que os autores fazem um levantamento da literatura em que essas duas instâncias são investigadas de forma articulada.

Correa e Mousinho iniciam o Capítulo 3 ressaltando a importância de habilidades linguístico-cognitivas à luz do modelo simples de leitura, no qual o ato de ler é representado pela relação estabelecida entre as habilidades de decodificação e compreensão. Especial ênfase é dada às habilidades linguístico-cognitivas de processamento fonológico associadas ao sistema de escrita, sendo essa relação discutida em uma perspectiva de desenvolvimento em que o peso da habilidade de decodificação se altera na medida em que a criança apresenta um maior domínio do sistema de escrita. As autoras trazem reflexões importantes a respeito do modelo simples de leitura, ampliando o seu escopo enquanto proposta descritiva e explicativa da compreensão textual.

O Capítulo 4 traz uma revisão das contribuições recentes da Psicologia Cognitiva sobre a compreensão leitora. Gomes e Boruchovitch conferem particular importância à Teoria do Processamento da Informação ao discutir o papel desempenhado pelas estratégias cognitivas e metacognitivas na autorregulação da compreensão em leitura. Ao longo do capítulo, as autoras traçam o perfil de um leitor competente, e ao final tecem considerações educacionais, discutindo os limites e as possibilidades de diferentes métodos e propostas pedagógicas relativas ao ensino da leitura e da escrita.

De natureza empírica, o Capítulo 5 trata de uma pesquisa que investiga as relações entre compreensão em leitura e coeficiente intelectual verbal. Oliveira, Boruchovitch e Santos examinam a compreensão em leitura avaliada por meio do teste de Cloze e o coeficiente intelectual verbal é mensurado por meio do teste de inteligência WISC-III de estudantes do ensino fundamental. Os resultados deste estudo indicam uma correlação entre esses aspectos, de maneira que quanto maior a compreensão em leitura maior é o coeficiente intelectual verbal. As autoras afirmam, de forma cuidadosa, entretanto, que é relevante conduzir pesquisas futuras, visando aprofundar os dados obtidos nesta investigação.

Mota, Guimarães e Conti, no Capítulo 6, examinam as complexas relações entre habilidades metalinguísticas e compreensão de texto. As autoras, com base em estudos anteriores realizados por pesquisadores da área e estudos conduzidos por elas próprias, focalizam a discussão acerca de tais relações no papel desempenhado pela consciência morfossintática. Especial ênfase é dada, nesta discussão, às pistas contextuais durante a leitura. Segundo as autoras, parece que a relação entre o processamento morfológico e o desenvolvimento da leitura contextual é específica. Em outras palavras, independente do nível de leitura ou consciência fonológica inicial, a consciência morfológica contribuiu para a leitura.

No Capítulo 7, Pinheiro e Guimarães realizam uma análise detalhada a respeito das concepções de professores do ensino fundamental sobre o ensino da leitura e o uso de estratégias metacognitivas na compreensão de textos. As autoras observaram que as concepções identificadas têm repercussões sobre a forma como as práticas de leitura ocorrem em sala de aula e apontam, ainda, a necessidade de que os professores atentem para essas estratégias, usando-as como elementos pedagógicos fundamentais para o desenvolvimento na leitura.

No Capítulo 8, Spinillo trata a compreensão de textos de forma ampla, apresentando conteúdo de natureza teórica, empírica e aplicada. Neste texto, a autora procura oferecer uma visão das diferentes facetas da compreensão de textos, refletindo acerca de sua natureza complexa e multifacetada que envolve uma dimensão social, linguística e cognitiva. Ao final do capítulo, essas três dimensões são associadas a considerações de natureza educacional que, a partir de resultados de pesquisas, visam, em última instância, possibilitar o desenvolvimento da compreensão de textos na sala de aula.

Sumário

Capítulo 1

Compreensão de textos: processos e modelos

Adriana Benevides Soares
Universidade Salgado de Oliveira e
Universidade do Estado do Rio de Janeiro
Pós-Doutorado na Universidade Federal de São Carlos

Thamires de Abreu Emmorick
Universidade do Estado do Rio de Janeiro

Introdução

A leitura pode parecer uma ação simples e cotidiana, no entanto, alguns leitores pouco habilidosos detêm-se apenas em decifrar os signos e juntar os vocábulos e as frases. O exercício da leitura requer bem mais que isso, requer, acima de tudo, que o leitor compreenda o que leu, contextualizando os conhecimentos explícitos no texto e seus próprios conhecimentos (Oliveira & Santos, 2005).

O processo de compreensão de textos está associado a múltiplas habilidades e processos cognitivos. Por isso, demanda um raciocínio complexo, que envolve significados e sentidos, além da interpretação das mensagens que estão tanto explícitas quanto implícitas (Cain & Oakhill, 2004). O conhecimento implícito também é chamado de inferencial e, para que a compreensão da leitura seja mais proficiente, a integração entre informações explícitas e implícitas torna-se necessária.

Neste sentido, a compreensão de textos engloba dois tipos de processos: os de baixo nível e os de alto nível. Segundo Rangel (2005), os processos de baixo nível são cruciais para que a decodificação seja feita, e os processos de alto nível, devido a sua complexidade, podem ser classificados como aqueles que interferem na compreensão como um todo.

Segundo Rangel (2005), a ação de decodificar consiste na decifração das palavras, na análise e na identificação dos padrões visuais, para que, por conseguinte, o leitor possa transformá-los em sons. A decodificação permite que o leitor reconheça palavras já conhecidas e aprenda outras palavras a partir de novas maneiras de decodificar. De modo complementar, pode-se dizer que a decodificação requer a discriminação e a identificação das letras por parte do leitor, que por meio desse processo de baixo nível será capaz de reconhecer uma palavra como uma forma ortográfica que tem um significado e uma pronunciação.

Ainda segundo Rangel (2005), os processos de alto nível se manifestam quando o leitor consegue ler palavras, frases e textos de forma integrada. Desse modo, o leitor precisa ser capaz de agrupar as estruturas gramaticais de um texto, efetuando um processamento sintático proficiente. Este processamento, por sua vez, requer que o leitor tenha conhecimento de alguns aspectos, tais como: a ordem das palavras e seu significado; as proposições, os artigos, as conjunções, e os sinais de pontuação. A partir disso, percebe-se que o processamento sintático é, sem sombra de dúvidas, muito importante para que o leitor tenha uma compreensão proficiente, na medida em que na maior parte das vezes um texto apresenta informações explícitas e implícitas.

Tendo em vista que o objetivo da leitura é compreender o que vai ser lido, é necessário que seja ativado o funcionamento do sistema semântico. Esse processo diz respeito à extração do significado do texto e sua relação com os conhecimentos que o indivíduo já tem. Para Rangel (2005), esse processamento requer a participação de dois subprocessos. O primeiro está relacionado à extração do significado e requer que o leitor construa uma representação mental, uma estrutura semântica do texto, e não apenas uma estrutura gramatical. O segundo subprocesso tange à incorporação do significado à memória do leitor, ou seja, à integração do que foi lido aos conhecimentos prévios do leitor. Assim, pode-se dizer que depois de extrair o significado do texto, ele incorpora essa representação do texto aos outros conhecimentos em sua memória, de forma que uma nova estrutura integrada é construída.

De acordo com Rangel (2005), esse processo de integração é importante na medida em que, em todas as frases de um texto, sempre é possível identificar uma parte já conhecida pelo leitor, chamada de informação dada, e uma parte desconhecida, que consiste na informação nova. A informação dada é responsável por conectar as informações novas, fornecidas pelo texto, aos conhecimentos prévios do leitor. Assim, destaca-se a importância das informações dadas para a compreensão das frases de um texto.

Diante destas considerações, entende-se que os processos de baixo nível, por envolver os aspectos perceptivos e léxicos da leitura, precisam ser analisados antes dos processos de alto nível, que são mais complexos, envolvendo aspectos sintáticos e semânticos. Nessa perspectiva, ressalta-se que os processos de decodificação, por meio das habilidades metalinguísticas, são indispensáveis para que o leitor, em um reconhecimento visual, identifique as palavras de um texto. Não obstante, os processos de integração sintática e semântica – que implicam representações, modelos mentais, conhecimento prévio, processo inferencial e habilidades metacognitivas – são fundamentais para que o leitor compreenda de forma proficiente as frases e os enunciados de um texto (Rangel, 2005).

Tendo em vista a relevância dos processos de baixo e alto nível e seu impacto sobre uma leitura proficiente, este capítulo organiza-se da seguinte maneira: na primeira seção são apresentados os processos básicos constituintes do processo de baixo nível, tais como atenção, memória de trabalho e consciência metalinguística (fonológica, morfológica e sintática). Na segunda seção, destacam-se os processos de alto nível, como o processo inferencial e as estratégias metacognitivas. Já a terceira seção apresenta os modelos de compreensão: o construcionista (Graesser, Singer & Trabasso, 1994); o de Hipóteses Indicativas e Personificação (Glenberg & Robertson, 1999); e, por fim, o modelo de Construção-Integração (Kintsch, 1998).

Processos básicos envolvidos na compreensão de textos

Atenção

De acordo com Sternberg (2000, p. 78), a atenção pode ser definida como o "fenômeno pelo qual o ser humano processa ativamente uma quantidade limitada de informações do enorme montante de informações disponíveis através dos órgãos dos sentidos, de memórias armazenadas e de outros processos cognitivos". Montiel e Capovilla (2007) ressaltam que a atenção não se limita a um único processo, mas pode se separar em processos atencionais voluntários ou controlados e processos espontâneos ou automáticos.

Sternberg (2000) sustenta que os processos atencionais podem ser voluntários ou espontâneos. Os processos voluntários são caracterizados pela concentração ativa e intencional do indivíduo sobre algum objeto ou situação. Esta, geralmente, é lenta e com processos sequenciados e conscientes. Já os processos espontâneos, também denominados automáticos, têm como principal característica a rapidez das respostas emitidas, que são classificadas como não intencionais por serem desencadeadas por sistemas não controláveis.

Outra divisão é proposta por Dalgalarrondo (2000), autor que sustenta que a atenção pode ser externa ou interna. A atenção externa projeta-se para aspectos exteriores ao indivíduo. Já a atenção interna remete-se a seus processos mentais. Além disso, a atenção pode ser classificada como tendo natureza focal, concentrada sobre determinado campo de forma delimitada e restrita, ou uma natureza dispersa, em que não há concentração e cujo campo é menos delimitado.

Quanto ao processamento cognitivo, segundo Sternberg (2000), a atenção pode ainda ser dividida em: *atenção seletiva*, que concerne à capacidade de um indivíduo de produzir respostas a algum estímulo específico em detrimento de outros estímulos do ambiente, tidos como não importantes; *atenção sustentada ou vigilância*, referente à capacidade de manter o foco de atenção em um estímulo por determinado período de tempo, sendo possível, ainda, detectar o aparecimento de algum estímulo de interesse; *atenção alternada*, que se refere à capacidade de substituir um estímulo outrora contemplado como alvo da atenção por outro, por meio da observação ativa do ambiente, identificando suas particularidades; *atenção dividida*, que diz respeito à capacidade do indivíduo de, simultaneamente, dividir sua atenção entre os vários estímulos contidos no ambiente. Esses estímulos, em geral, implicam respostas rápidas, exigindo do indivíduo a execução e a coordenação de diversas tarefas.

Para ilustrar a importância da atenção no processo de compreensão textual, Henriques e Soares (2008) realizaram uma pesquisa com o objetivo de analisar se os diferentes focos de atenção podem gerar diferentes formas de compreensão dos textos lidos. Assim, o estudo baseou-se no foco da atenção dos participantes durante a leitura, analisando se a atenção foi destinada unicamente ao texto ou dividida com ruídos. Para tanto, foram investigados três tipos de atenção: atenção focalizada unicamente no texto, atenção dividida entre o texto e o ruído de fundo e atenção dividida entre o texto e o ruído semântico[1].

Participaram da pesquisa 75 estudantes do ensino médio, com idade entre quinze e dezoito anos. Na primeira etapa, os participantes foram divididos em dois grupos, sendo um composto por leitores habilidosos, e outro, por leitores pouco habilidosos. Foram utilizados três instrumentos ao longo da pesquisa. O primeiro questionário tinha o objetivo de coletar informações sociodemográficas sobre os participantes. Em seguida, foram aplicados dois textos acompanhados, cada um, por vinte perguntas subdivididas em quatro níveis de compreensão (macroestrutura, argumentação, detalhes e inferência)[2]. Tanto os leitores habilidosos quanto os pouco habilidosos responderam às questões, sendo que as condições para a realização da tarefa foram diferenciadas. Um grupo, após ter lido o texto, respondeu às perguntas sem qualquer interferência e outro grupo respondeu exposto ao barulho. Nessa etapa, o objetivo era identificar até que ponto a compreensão textual sofre interferência quando existe compartilhamento da atenção.

---

1 O ruído de fundo era apenas um barulho sem apresentação de palavras; enquanto o ruído semântico era a narração de um jogo de futebol.

2 No nível macroestrutural, a ideia central do texto se apresenta. Na argumentação estão as justificativas do autor para a constituição da ideia geral. As inferências são mecanismos necessários de acesso ao conhecimento anterior do leitor para a compreensão do texto.

Os resultados apontaram que os leitores habilidosos apresentam melhor desempenho em relacão aos menos habilidosos, independentemente da condição apresentada. Além disso, houve um melhor desempenho entre os participantes que leram o texto e responderam às perguntas em condição de silêncio.

Conclui-se que o leitor precisa estar apto para selecionar e filtrar os diversos estímulos do ambiente e que, caso não consiga manter a atenção seletiva, tornar-se-á difícil, ou até mesmo impossível, obter êxito no processo de compreensão (Rossi, 2009).

Memória de trabalho

A expressão memória de trabalho originou-se dos sistemas computacionais, sendo usada como metáfora para sistemas que se relacionam com as funções nos computadores (Izquierdo, 2002). Pode-se dizer que a memória de trabalho contempla a porção mais recente da memória de longo prazo. Sendo assim, o modelo de memória de trabalho enfatiza as funções de controle, envolvendo os processos de codificação e integração das informações. Ou seja, a integração intermodal das informações acústicas e visuais, organizando e classificando as informações em grupos significativos, interligando as informações novas com as já existentes na memória de longo prazo (Sternberg, 2000).

Baddeley (1989) pensou um modelo integrativo de memória de trabalho considerando que esta conteria um registro *visual-espacial*, no qual algumas imagens visuais seriam retidas por pouco tempo. Elaborou também um registro por um *circuito articulatório* (fonológico), que sustentaria por pouco tempo a fala interior para a compreensão verbal, como também para a repetição acústica. Por conseguinte, postulou a ideia de um *supervisor central*, que funcionaria coordenando simultaneamente as atividades de atenção e as respostas.

Sendo assim, ainda segundo Baddeley (1989), pode-se dizer que a memória de trabalho pode auxiliar o leitor a lidar com os diversos aspectos textuais, como por exemplo, a percepção *visual-espacial* durante a leitura, acompanhando e retendo visualmente a localização das palavras nas frases e a sequência das frases dentro do texto. Quanto ao aspecto fonológico, a memória de trabalho guarda brevemente a representação mental do leitor, elaborada a partir de sua primeira leitura, contribuindo, dessa forma, para uma melhor compreensão verbal. Além disso, a memória de trabalho tem uma função muito importante no que diz respeito ao aspecto semântico, pois auxilia na integração das informações ao longo da leitura do texto.

Desse modo, a memória de trabalho tem um papel fundamental na compreensão de textos, pois por meio dela evoca-se todo o conhecimento já adquirido e armazenado na memória de longo prazo, sendo possível integrar os conhecimentos oriundos do texto lido com os conhecimentos prévios do leitor, de modo a alcançar uma leitura integrada, proficiente. Assim, a memória de trabalho participa ativamente na aquisição de vários conhecimentos, permitindo que as palavras lidas sejam armazenadas e manipuladas até haver o processamento do significado, contribuindo para um funcionamento cognitivo eficaz de atividades cotidianas como o rendimento escolar e a vida profissional (Giangiacomo & Navas, 2008).

A relação entre o processo de compreensão de textos e a memória de trabalho é salientada em vários estudos (Gathercole, Alloway, Wilis & Adams, 2006; Leather & Henry, 1994, citados em Giangiacomo & Navas, 2008). Não obstante, cada estudo aborda essa relação de um modo, fazendo uso de diferentes formas de avaliação da memória. Por isso, é preciso compreender bem, em cada estudo, a abordagem que se tem da memória e os estímulos que foram utilizados para produzir uma avaliação (Giangiacomo & Navas, 2008).

Giangiacomo e Navas (2008) ainda chamam a atenção para o fato de que é relevante, ao analisar os estudos feitos na área, estabelecer uma identificação quanto ao grau de imbricação entre a memória de trabalho e a habilidade de compreensão textual. Em seguida, ainda é importante considerar a relação entre esses dois aspectos com o desempenho nas habilidades escolares.

Daneman e Carpenter (1980, citados por Torres, 2003) desenvolveram uma tarefa para medir a capacidade da memória de trabalho. Utilizaram o teste de "alcance de leitura" (*Reading Span Test*), que avalia simultaneamente o processamento de frases e o armazenamento de itens lexicais. Diversos estudos, utilizando o "teste de alcance de leitura", apresentam correlações positivas entre a memória de trabalho e o desempenho em tarefas que envolvam a compreensão em linguagem (Torres, 2003).

Torres (2003) argumenta que em alguns desses estudos citados em seu trabalho, por exemplo, é possível constatar correlações entre a memória de trabalho e a habilidade de recuperação de referentes pronominais (Daneman & Carpenter, 1980); entre a memória de trabalho e a habilidade de resolver ambiguidades lexicais em sentenças (Daneman & Carpenter, 1983); entre a memória de trabalho e a habilidade de manter vários significados de uma ambiguidade lexical na ausência de um contexto apropriado (Carpenter, Just & Miyake, 1994); e entre a memória de trabalho e a habilidade de percepção da organização textual (Tomitch, 1995). Torres (2003) ainda destaca que uma correlação não demonstra relação causal, mas é a expressão dessas correlações e o fato de elas serem observadas em vários estudos que sugere que a memória de trabalho influencie o desempenho na compreensão de textos.

Giangiacomo e Navas (2008) investigaram o papel da memória de trabalho e do vocabulário expressivo na compreensão de leitura. As autoras avaliaram as habilidades de memória e vocabulário em um grupo de crianças do quinto ano em relação ao desempenho de compreensão de leitura. Participaram desse estudo quinze crianças com idade entre nove anos e onze meses e onze anos e quatro meses. As crianças não apresentavam queixas de perda auditiva, visual nem de alterações neurológicas. Todos os participantes foram submetidos individualmente às avaliações de desempenho escolar – leitura, decodificação, compreensão, vocabulário e memória de trabalho verbal e não verbal. Observou-se correlação significativa entre o conhecimento de vocabulário expressivo e memória de trabalho verbal e o desempenho em compreensão neste grupo de crianças sem queixas de dificuldades escolares. Além disso, constatou-se que a memória não verbal e a habilidade de decodificar palavras não influenciaram no desempenho da compreensão textual. Observou-se ainda na amostra estudada que o processo de compreensão textual foi facilitado pelo bom desempenho dos participantes no que tange à capacidade de memória de trabalho e ao vocabulário.

Diante do apresentado, destaca-se que a memória de trabalho desempenha papel central em todas as formas de pensamento complexo, assim como na compreensão de textos, pois exige que o leitor transforme uma sequência de símbolos ao longo do tempo. A linguagem caracterizada por seu desdobramento linear requer que o leitor armazene as informações temporariamente, a fim de que construa e integre os conhecimentos novos de um texto escrito ou um discurso falado (Carpenter, Miyake & Just, 1994).

Consciência metalinguística: consciência fonológica, morfológica e sintática

Diversos estudos no campo da Psicologia Cognitiva (Tunmer, Herriman & Nesdale, 1988; Tunmer & Nesdale, 1985, citados por Bottino, 2010) têm como objeto de pesquisa o aperfeiçoamento da consciência fonológica, que consiste em uma consciência dos sons da fala. De acordo com Morais (2005), o termo consciência fonológica pode ser definido como "reflexão fonológica" ou "análise fonológica". Sendo assim, as habilidades envolvidas na consciência fonológica não podem ser classificadas como uma simples discriminação auditiva, uma vez que se relacionam às múltiplas habilidades de reflexão sobre os segmentos sonoros das palavras. Portanto, referem-se à habilidade de análise das palavras de acordo com as diversas unidades sonoras que fazem parte de sua composição.

Segundo Barrera e Maluf (2003), a consciência fonológica pode ser examinada pela habilidade do indivíduo para realizar o julgamento das características sonoras das palavras, como, por exemplo: identificar a semelhança e a diferença de sons e isolar e manipular fonemas e demais unidades, como sílabas e rimas. Nesta perspectiva, a consciência fonológica inclui noções de reconhecimento de rimas e aliterações; segmentações (capacidade de análise); síntese; manipulação (inserir ou retirar segmentos); e transposição (modificar a disposição de segmentos) de sílabas e fonemas. Assim, consciência fonológica seria a habilidade de dividir a fala em pequenas unidades a fim de manipular tais segmentos de forma consciente (Mousinho, 2003).

Bryant e Bradley (1987) discutem sobre as funções das habilidades de reflexão fonológica, considerando-as requisitos imprescindíveis para a alfabetização. Para outros autores essas habilidades são consideradas consequência do processo de apropriação do sistema de escrita alfabética. Um estudo envolvendo crianças inglesas da educação infantil afirmou que a consciência fonológica constitui um requisito para que os indivíduos sejam alfabetizados, além de ser fundamental para o êxito da alfabetização.

Capovilla e Capovilla (2000) ratificam os estudos de Bryant e Bradley (1987), pontuando que os programas escolares que desenvolvem a consciência fonológica nos alunos possuem papel importante no aprendizado da leitura e da escrita. Nesse mesmo viés, Melo (2006) destaca que programas voltados para o desenvolvimento da consciência fonológica aumentam de forma expressiva o sucesso na aquisição da leitura, na escrita e, consequentemente, na compreensão textual.

Para Morais (2005), existe uma nítida interação entre consciência fonológica e aprendizagem da linguagem escrita. Isto é, determinadas habilidades de análise fonológica são necessárias para que o indivíduo domine a escrita alfabética. Todavia, ele acaba ampliando também sua capacidade de pensar sobre os segmentos sonoros das palavras em consequência do conhecimento que tem sobre a escrita.

Vellutino et al. (2004, citados por Bottino, 2010) realizaram estudos com adultos que mostravam dificuldades em consciência fonológica, identificadas quando crianças, quanto à identificação de letras e seus sons correspondentes e também quanto à aprendizagem da soletração e da leitura.

Assim, vários resultados mostram que a habilidade de identificar as palavras está condicionada, em parte, a um desenvolvimento da consciência fonológica. Os leitores menos habilidosos na idade infantil permanecem com as mesmas dificuldades caso não ocorra um trabalho de intervenção eficaz quando criança e, com isso, apresentam dificuldades de leitura e compreensão textual na fase adulta (Bottino, 2010).

Para Vellutino et al. (2004, citado por Bottino, 2010), o déficit de habilidades fonológicas pode ser uma das causas da dislexia. Em estudos, constatou que as habilidades fonológicas poderiam exercer mais efeito nas habilidades de leitura precoce que nas habilidades semânticas e sintáticas. Não obstante, em leitores mais avançados, as habilidades semânticas e sintáticas teriam maior relevância que as habilidades fonológicas. Os autores ressaltam ainda que os problemas de identificação de palavras estariam ligados a dificuldades no desenvolvimento da consciência fonológica e em sua decodificação, o que, consequentemente, levaria a dificuldades no estabelecimento de ligações entre a palavra falada e a escrita. Contudo, as relações causais entre os problemas de identificação de palavras e as deficiências fonológicas são mais expressivas em disléxicos aprendendo a ler em ortografias opacas (como na língua inglesa) que em disléxicos aprendendo a ler em ortografias mais transparentes (como na língua alemã ou na italiana). Nas línguas opacas, os problemas de identificação de palavras são constantemente relacionados a problemas em processos fonológicos implícitos, como a memória verbal, e isso atrapalha a fluência na compreensão da palavra, no tratamento do texto e na leitura.

A consciência morfológica refere-se a uma habilidade metalinguística que demanda uma reflexão em relação à morfologia (Correa, 2005). Bottino (2010) explica que os morfemas são mínimas unidades linguísticas com significado próprio. Nesse sentido, as palavras são simples ou complexas. As palavras caracterizadas como simples são aquelas compostas apenas por um morfema, e as complexas, por mais de um morfema.

De acordo com Mota (2009), os significados das palavras podem ser inferidos na leitura, fato que corrobora para uma compreensão mais proficiente. Sendo assim, a expressão "consciência morfológica" consiste na habilidade de refletir sobre as unidades de significado. Mota ainda ressalta que dentre as habilidades linguísticas, a consciência morfológica, sintática e fonológica trazem recursos de ajuda para o leitor durante o processo de aquisição da leitura e da escrita.

Mota e Castro (2007) realizaram um estudo envolvendo 25 adultos, sendo cinco não alfabetizados, sete com nível de leitura intermediário e treze com nível de leitura avançado. O objetivo foi investigar a relação da alfabetização com o desenvolvimento da consciência metalinguística. A partir desse estudo, os participantes foram avaliados por meio de tarefas envolvendo a consciência sintática e fonológica. As análises realizadas nas tarefas de consciência fonológica, de consciência sintática (julgamento, correção e generalização do erro) e de morfologia produtiva apontaram para um melhor desempenho por parte dos sujeitos escolarizados que dos não alfabetizados. Os resultados também sinalizaram, conforme o esperado, que os indivíduos não escolarizados apresentaram mais dificuldades em relação à realização das diferentes atividades. Nas tarefas de julgamento de sentenças incorretas, de correção e de morfologia, o grupo dos indivíduos não alfabetizados apresentou uma performance inferior àquela observada entre os alfabetizados.

Em outro estudo, com adultos tardiamente escolarizados, Mota, Annibal e Lima (2008) investigaram o papel da escolarização no desenvolvimento da consciência sintática em 43 adultos de baixa renda, com média de idade de 50,7 anos. Os participantes foram divididos em três grupos de acordo com o nível de escolarização. O primeiro grupo foi formado por dezessete adultos não alfabetizados; o segundo, por quatorze adultos que leram e escreveram até 50% das palavras nas tarefas; e o terceiro por doze adultos que leram e escreveram mais de 50% das palavras nas tarefas. Foram utilizados nessa pesquisa instrumentos como a leitura e o ditado. Os resultados observados não confirmaram os que haviam sido anteriormente encontrados por Mota e Castro (2007) com relação às diferenças entre os grupos de adultos escolarizados e não escolarizados em tarefas de consciência metalinguística. Nesse estudo havia a expectativa de que os adultos alfabetizados tivessem um desempenho superior aos adultos não alfabetizados. Entretanto, nas tarefas de consciência sintática não houve diferença significativa entre os grupos.

Nesse sentido, Mota et al. (2008) defendem a ideia de que a consciência sintática teria uma função adjacente na alfabetização. Afirmam também que a falta de consistência entre os resultados do estudo de Mota e Castro (2007) e o estudo de Mota, Annibal e Lima (2008) estaria atrelada ao fato de que não há ainda instrumentos padronizados de leitura para o público considerado adulto e idoso na literatura. Portanto, seria fundamental analisar essas variáveis de pesquisa com cautela, considerando a necessidade vigente da elaboração de instrumentos de avaliação para a aplicação em adultos e idosos.

A consciência sintática permite ao leitor ler palavras que ele não consegue decodificar. Quando o leitor se depara com textos cujas palavras ele não decodifica, sua consciência sintática o auxilia a recorrer às pistas sintáticas presentes no texto para aprender o significado dessas palavras (Capovilla, Capovilla & Soares, 2004). Ratificando esta afirmação, Rego e Bryant (1993, citados por Capovilla, Capovilla & Soares, 2004) explicitaram que há correlação positiva entre o desempenho do leitor em consciência sintática e seu desempenho na leitura de palavras que, em geral, não podem ser lidas corretamente apenas pelo uso da decodificação.

Bowey (1986, citado por Capovilla, Capovilla & Soares 2004) argumenta que a consciência sintática é fundamental para os processos de leitura e escrita, na medida em que fomenta o uso de pistas gramaticais, essenciais para a compreensão das frases e, consequentemente, do texto. Essas pistas contribuem tanto para que o leitor reconheça as palavras do texto quanto para que construa uma representação do significado do texto coerente. É relevante dizer que o significado do texto não envolve somente a soma dos significados dos elementos lexicais isolados, mas também requer a observação do modo como esses elementos se relacionam, como por exemplo: a ordem em que os elementos se organizam na frase; a existência de preposições e artigos; de morfemas gramaticais; e de pontuação adequada (Capovilla, Capovilla & Soares 2004).

Vale ressaltar que as tarefas de consciência sintática geralmente contemplam práticas orais, tais como: pedir ao entrevistado que, após ouvir frases corretas ou com algumas incorreções morfêmicas, diga se estão ou não corretas do ponto de vista gramatical (*julgar frases*); pedir ao entrevistado que, após ouvir frases com incorreções gramaticais, retifique essas incorreções, falando a frase corretamente (*corrigir frases*); pode-se também pedir que o entrevistado adicione terminações corretas em palavras, frases ou textos (*completar palavras em frases*); dentre outras. Os dados apresentados mostram que a consciência fonológica e a consciência sintática interferem no desempenho da leitura e da escrita

(Capovilla, Capovilla & Soares, 2004). De modo complementar, observou-se uma correlação significativa entre a metafonologia e a metassintaxe (Demont, 1997).

Diante da importância da consciência sintática nos processos cognitivos, Capovilla, Capovilla e Soares (2004) realizaram um estudo com 204 crianças do segundo e quinto anos do ensino fundamental, com o intuito de investigar a influência da consciência sintática no processo de aprendizagem. Esses autores constataram que o grau de escolaridade tem um efeito significativo sobre o escore geral em consciência sintática e sobre os escores específicos. O efeito da escolaridade também foi significativo para os escores em consciência fonológica e competência de leitura, escrita na forma de ditado e vocabulário. Os resultados gerais dos cinco testes identificaram correlação significativa e positiva, enfatizando evidências empíricas já descritas na literatura sobre as relações entre leitura, escrita e habilidades metalinguísticas no ensino fundamental, todas as vezes em que o efeito da inteligência verbal é controlado.

Processos de alto nível envolvidos na compreensão de textos

Processo inferencial

Segundo Ferreira e Dias (2002), a leitura é uma tarefa cognitiva que demanda o envolvimento de processos de inferência e de dedução. É pela leitura que o leitor tem a oportunidade de construir sentidos e tem acesso a novas informações, mensagens e conhecimentos.

Para Cain e Oakhill (2004), a compreensão de textos está diretamente relacionada à habilidade de produzir inferências. Estas podem ser contempladas como maneiras de fazer conexões com ideias ou informações que se encontram implícitas no texto. Nesse sentido, pode-se dizer que a inferência é uma forma de "ler nas entrelinhas", "ler o que não está propriamente declarado" (Bottino, 2010, p. 74).

Como afirmam Spinillo e Mahon (2007, p. 464), "compreender textos é um processo inferencial por excelência". Segundo as autoras, diante do fato de que nem tudo aparece de forma explícita, é crucial que o leitor estabeleça inferências, por um processo de alto nível "responsável pela formação de sentidos e de uma representação mental organizada e coerente do texto, resgatando a não explicitude das informações nele vinculadas" (p. 464). Continuando, as autoras apresentam uma pertinente contribuição de Marcuschi (1996) que salienta que a produção de inferências contribui para uma compreensão mais coerente do texto, na medida em que permite ao leitor elaborar informações apresentadas pelo autor. Nesse sentido, percebe-se que a compreensão de um texto se estabelece pela interação entre autor e leitor.

Para que o processo inferencial se estabeleça, é preciso que o leitor acesse conhecimentos que foram construídos anteriormente, por memórias e experiências. O conhecimento prévio é, portanto, relevante tanto para a compreensão quanto para a construção da memória episódica (relacionada aos eventos datados, de forma coletiva). A produção de inferência pode levar o leitor a uma representação de texto mais articulada, integrada e coerente. Desse modo, o texto é lembrado mais facilmente, havendo uma inter-relação entre a produção de inferência e a memória episódica (Cain & Oakhill, 2004).

Cain e Oakhill (2004) alegam ainda que quando ocorrem déficits nas capacidades cognitivas a compreensão textual é, consequentemente, prejudicada. Quando leem um texto, os leitores menos habilidosos apresentam um rendimento insuficiente na produção de inferências, assim como revelam desempenho baixo na incorporação do conhecimento geral à informação específica. Pode-se concluir, então, que uma compreensão de textos proficiente esteja relacionada à habilidade de estabelecer inferências.

Faulstich (2005) aponta que para o leitor alcançar a compreensão de um texto é necessário que estejam claros para ele as ideias, as mensagens, os conceitos e as opiniões do autor. Assim, o leitor pode fazer inferências, indo além de uma compreensão superficial.

Estratégias metacognitivas

De acordo com Kleiman (2002, p. 10), "o ensino da leitura é um ensino de estratégias", que podem ser de natureza inconsciente e consciente. As estratégias de natureza inconsciente são chamadas de cognitivas, enquanto as de natureza consciente são chamadas de estratégias metacognitivas. Neste sentido, Castro (2008, p. 72) ressalta que "o leitor proficiente é aquele capaz de congregar estes dois tipos de estratégias, recorrendo sempre à outra quando uma delas não lhe assegurar a compreensão".

Para Kopke (2001), as estratégias de leitura podem ser entendidas como métodos que os leitores utilizam para compreender um texto, adquirindo informações novas. Essa aquisição pode ser mediada por procedimentos e atividades escolhidos com o intuito de auxiliar no processo de compreensão em leitura.

No que tange à utilização de estratégias metacognitivas, Andrade e Dias (2006) alegam que precisam estar atreladas a um "monitoramento da compreensão e da produção de inferências" (p. 154). Esse monitoramento constante permite que o leitor incorpore os novos conhecimentos do texto a suas vivências e seus conhecimentos prévios.

Damásio (2008), pautada nos escritos de Foucambert (1994) e em sua pesquisa com estudantes dos primeiros anos do ensino fundamental, identificou alguns tipos de estratégias metacognitivas que podem ser utilizadas e adaptadas para as diferentes circunstâncias e textos a serem lidos. Algumas delas são (p. 125): *predição* – iniciada a partir de um bate-papo informal antes do começo da leitura. Esta estratégia tem como principal objetivo ativar o conhecimento prévio do leitor para que, utilizando seu conhecimento anterior, antecipe, preveja fatos ou conteúdos do texto e estabeleça inferências; *leitura silenciosa* – consiste em um pedido do professor ou de qualquer pessoa que esteja intermediando o processo de leitura, para que as crianças leiam o texto em silêncio e individualmente, assinalando as palavras que não conhecem. Em seguida, organiza-se uma sessão de perguntas e respostas, fazendo que os alunos retornem ao texto com uma compreensão mais profícua; *leitura em voz alta* – o leitor sonoriza verbalmente o pensamento enquanto lê; *resumo* – após uma leitura individual dos alunos, o professor ou qualquer mediador debate com o grupo as informações apresentadas no texto, com o intuito de corroborar para a compreensão global. Desse modo, na elaboração do resumo o aluno tem a chance de selecionar e destacar as informações consideradas por ele mais relevantes no texto; *questionamento* – uma leitura compartilhada é organizada, de modo que os alunos aprendem a formular questões sobre o texto lido; *visita à biblioteca* – propicia aos alunos o contato com diferentes livros, possibilitando um estímulo maior ao exercício da leitura. Na biblioteca, ambiente favorável à leitura, o aluno é incentivado, e torna-se possível introduzir a leitura de alguns textos.

Além disso, Damásio (2008) orientou os professores a ensinarem seus alunos a focalizar a atenção nas ideias principais e a perguntarem sobre o entendimento para monitorar a compreensão. Dessa forma, a autora acredita que o aluno é incentivado a relacionar seus conhecimentos prévios às novas informações apresentadas no texto. Ademais, salienta que é possível obter melhores resultados no ensino da leitura quando o professor dispõe-se a questionar e fornecer *feedback* para ajudar seus alunos a aplicarem técnicas e estratégias de leitura, utilizando alguns reforços positivos, principalmente com aqueles que apresentam pouca habilidade de compreensão.

Os trabalhos de McNamara (2007) e Solé (1998) também são muito importantes no que tange ao tema das estratégias de compreensão textual. De acordo com elas, as estratégias de compreensão de texto permitem ao leitor formar uma representação mais cocrente do texto lido. Na estratégia da Rota Espacial, por exemplo, o leitor tem contato com uma lista de itens. Em seguida, solicita-se a ele que evoque os itens da lista como se estivesse viajando em uma rota e fosse captando cada item ao longo do caminho. Outra estratégia metacognitiva interessante é denominada Encadeamento. Nesta, o leitor é incentivado a lembrar-se de palavras que foram *a priori* apresentadas em uma lista. O processo de relembrar as palavras pode ser feito por meio da criação de sentenças. McNamara (2007) postula que o exercício contínuo desses dois tipos de estratégias chega a triplicar a capacidade de o leitor relembrar os conhecimentos apresentados em um texto e de inter-relacioná-los com conhecimentos prévios.

McNamara (2007) ressalta também que a ação comportamental de utilizar um dicionário a fim de pesquisar palavras desconhecidas pode contribuir para que o leitor obtenha uma compreensão mais global durante a leitura. Para a autora, no contexto escolar, a ação cognitiva dos professores de estimularem seus alunos a inferir um possível significado dentro de um contexto para as palavras não familiares pode contribuir, significativamente, para que competências no âmbito da compreensão de textos sejam desenvolvidas. Em outra perspectiva, estratégias que viabilizam o desenvolvimento de habilidades para a construção de significados contribuem para a produção de inferências, o monitoramento da compreensão, enfim, para os processos de alto nível como um todo.

Após a apresentação dessas estratégias que possibilitam aos leitores uma ruptura com algumas dificuldades no território complexo da compreensão de textos, este capítulo propõe-se a apresentar modelos de compreensão textual, com o intuito de estudar melhor esse tema.

Modelos de compreensão de textos

Para Rangé e Silvares (2001, p. 80), "um modelo é uma tentativa de representação do real que, revelando algumas relações entre certos elementos, serve para operar na realidade". No que concerne à compreensão de textos, os modelos auxiliam a entender como diversos estudiosos descrevem, articulam e explicam os fatores responsáveis pela compreensão de textos.

McNamara (2007) descreve alguns modelos: o Modelo Construcionista, de Graesser et al. (1994), que concebe a compreensão de textos enfatizando a construção de estratégias de direção para promover um resultado integrado e harmonioso; o modelo de hipóteses indicativas e personificação, de Glenberg e Robertson (1999), que visa a incentivar estratégias de compreensão que envolvam a construção de imagens mentais de pessoas, objetos, *layouts* espaciais, ações e eventos expressos no texto; e o Modelo de Construção-Integração (CI), de Kintsh (1998), que pressupõe o processo de compreensão em uma arquitetura computacional, na qual o texto é contemplado como uma rede conectada, criado interativamente, modificado e atualizado durante o curso da compreensão.

Modelo construcionista

As estratégias metacognitivas desempenham um papel proeminente no referencial teórico construcionista de Graesser et al. (1994). As estratégias deste modelo são postuladas em três pontos principais: (a) *objetivos do leitor*, (b) *coerência* e (c) *explicação*.

McNamara (2007) afirma que os *objetivos do leitor* o orientam ao longo do processo de compreensão, facilitando o acesso ao conteúdo através das metas de leitura. A *coerência*, por sua vez, pressupõe que os leitores tentam construir o significado das representações de um texto, que são coerentes ao nível local e global deste. Portanto, as lacunas do texto irão estimular o leitor a pensar ativamente, gerar inferências e reinterpretar o texto em um esforço para preencher, reparar ou formar novos conhecimentos a partir da leitura desse texto. Ainda segundo o autor, no que tange à *explicação*, pode-se dizer que os leitores habilidosos tendem a gerar justificativas para os eventos e as ações ao longo da leitura do texto. Existem dados no texto que, de alguma forma, incomodam, afetam o leitor e o levam a expressar suas ideias particulares. Os questionamentos do leitor incentivam a análise dos mecanismos causais e as justificativas das reivindicações. Há outros pontos da teoria construtivista que são partilhados por muitos modelos, tais como: os níveis de representação, de conhecimento do mundo, a ativação de nós, a automaticidade, e assim por diante.

McNamara (2007) destaca, ainda, que os leitores habilidosos tentam atrelar as novas sentenças de um texto com o conteúdo de textos já lidos anteriormente e com seu próprio conhecimento de mundo. Leitores habilidosos questionam-se mais sobre "o que", "como", "quando", "onde" e "por que", a menos que existam metas específicas para controlar essas informações. As explicações dos motivos dos personagens e das causas de acontecimentos inesperados em uma história são muito mais importantes que a posição espacial dos personagens em um cenário, com quem o personagem se parece, quais são os procedimentos de estilo e como são realizadas as ações deles. Informações sobre o espaço, os atributos perceptuais e as ações são importantes quando desempenham uma função explicativa ou se dirigem às metas dos leitores.

Magliano et al. (1999, citados por McNamara, 2007) sustentam que, quando os leitores são convidados a elaborar questões antes ou durante a compreensão de um texto, seu processamento e sua memória se tornam muito mais eficazes, promovendo uma compreensão mais ativa e proficiente.

De acordo com o Modelo Construcionista, a formulação de questões pelo leitor ao longo da leitura o orienta para a construção de um sentido coerente com o texto lido (McNamara, 2007).

Modelo de Hipóteses Indicativas e Personificação

A hipótese de Glenberg e Robertson (1999) foi elevada ao patamar de modelo devido a esboços de uma proposta anterior advinda de seu programa de investigação. Esta posição adota uma teoria integrada da compreensão da linguagem e do discurso.

McNamara (2007) pontua que o argumento central deste modelo baseia-se na forma como usamos nosso corpo para perceber e agir no mundo. Uma história pode ser melhor compreendida depois que as crianças se tornam capazes de identificar e manipular personagens e objetos em um cenário. Quando os adultos, por exemplo, leem um manual de montagem de uma peça de equipamento, a compreensão deles tende a se tornar mais proficiente na medida em que podem comprovar as regras apresentadas ou quando existe a apresentação com imagens dos objetos e das ações na prática. Os leitores que utilizam estratégias metacognitivas diante de eventos mencionados no texto apresentam uma compreensão mais proficiente que aqueles que não fazem uso delas.

McNamara (2007) salienta ainda que, do ponto de vista atual, as previsões sobre a eficácia das estratégias de compreensão do Modelo de Indexação são radicalmente diferentes do Modelo Construtivista de Graesser et al. (1994), que incentiva estratégias de compreensão envolvendo a construção de imagens mentais de pessoas, objetos, *layouts* espaciais, ações e eventos expressos no texto. Já o Modelo Construtivista não incentiva essas estratégias, mas promove estratégias de construção de explicações, representações coerentes e representações que visem aos objetivos particulares do leitor. Na verdade, esses modelos teóricos são articulações do mesmo fenômeno, com perspectivas diferentes. Pode-se dizer que ambos os modelos têm considerações relevantes para os diferentes tipos de textos e para as diversas condições de compreensão, necessitando, portanto, de uma maior exploração em pesquisas futuras.

Modelo de Construção-Integração (CI)

Os modelos de compreensão descritos na literatura (Kintsch, 1998; van Dijk e Kintsch, 1978) visam a apresentar como as informações explícitas e as informações prévias do leitor se incorporam e se relacionam a fim de criar uma representação mental coerente (Spinillo & Mahon, 2007). McNamara (2007) destaca que o Modelo de Construção-Integração (CI) de Kintsch (1998) é muito considerado no campo da Psicologia Cognitiva, pois tem como eixo o conhecimento de mundo do receptor de texto, os elementos textuais (conteúdo e forma linguística) e a interação entre esses aspectos. O modelo de Kintsch se articula em duas fases distintas: a primeira voltada para a construção da representação e a segunda direcionada à integração das informações novas com as anteriores à leitura do texto.

Ao comentar o modelo de Kintsch, Spinillo e Mahon (2007) afirmam que na fase de construção o modelo mental é construído localmente de forma paulatina, a partir do significado das palavras e das proposições contidas no texto. A fase de integração, por sua vez, tem uma construção mais global, a partir das novas informações lidas. Pela integração dos novos conhecimentos com os conhecimentos anteriores adquiridos, o leitor consegue construir uma representação integrada e coerente do texto.

De acordo com Kintsch (1983), existem três níveis hierárquicos diferentes de representação: o de superfície, o proposicional e o especialmente elaborado. No nível de superfície não há uma total interação entre autor e leitor. Neste caso, o leitor apresenta dificuldades de descobrir que sentido o autor quis dar ao texto. O nível proposicional é denominado de base do texto, pois perfaz o conteúdo semântico coerente. O nível mais elaborado, também conhecido como modelo da situação, incorpora o conteúdo semântico do texto em um encapsulamento mental.

Kintsch (1998) observou que esses três níveis hierárquicos funcionam como um todo, mas para compreender melhor o processo de compreensão textual vale analisá-los de forma mais detalhada. Segundo van Dijk e Kintsch (1978), a capacidade de compreensão textual não envolve apenas a leitura, mas também a percepção auditiva.

No modelo de van Dijk e Kintsch (1978), a estrutura de um discurso é entendida como um rol de proposições. Dentro deste bojo há uma série de relações semânticas. O discurso apresenta uma estrutura semântica dividida em dois níveis: microestrutura e macroestrutura. A microestrutura é o nível local do discurso, a estrutura das propostas individuais e suas relações. A macroestrutura tem uma natureza mais global, caracterizando o discurso como um todo. Tanto a microestrutura quanto a macroestrutura constituem um conjunto de regras de mapeamento semântico específico, chamado de macrorregras. Estas reduzem e organizam mais os detalhes das informações do discurso. Um discurso só é coerente se suas respectivas frases e proposições estão interconectadas e se essas proposições são organizadas na macroestrutura.

Para van Dijk e Kintsch (1978), a estrutura semântica do discurso deve ser caracterizada em termos de um texto-base, que não é uma lista de proposições não relatadas, mas uma unidade coerente e organizada. Sendo assim, um discurso pode ser chamado de texto-base explícito, ou seja, que apresenta proposições límpidas que não dependem de outras informações do leitor, ou de texto-base implícito, que pode ser fornecido perfeitamente pelo leitor.

A estrutura semântica de um discurso deve descrever não somente os microníveis, mas também os macroníveis. Nesta proposição, o texto-base deve ser ligado ao que é chamado de tópico do discurso, ou o fragmento dele, estabelecendo a ideia geral e concedendo um significado que caracterize os termos do discurso. A macroestrutura deve ter implicação com a microestrutura da qual se origina, e para isso é importante a análise das macrorregras: 1) *retirada* – se a proposição não pode ser direta ou indiretamente interpretada, deve ser retirada do texto; 2) *generalização* – cada sequência de proposições pode ser substituída pela proposição geral, sem perder seu significado; e 3) *construção* – cada sequência de proposição pode ser substituída pela ideia geral, porém na microestrutura se apresentam as condições, os componentes ou as consequências das informações.

Além disso, um texto possui alguns níveis que se interligam com a compreensão do leitor. Para Rossi e Bert-Erboul (1990), cada parte do texto é considerada fundamental, pois este pode ser visto como uma estrutura de objetivos, já que suas unidades informativas ligam-se a eles. Nessa vertente, um texto apresenta-se composto por macroestrutura (compreensão do tema geral), argumentação (compreensão dos temas dos parágrafos) e detalhes (compreensão das unidades estáticas).

O Modelo de Construção-Integração (CI) de Kintsch (1998) encontra apoio em outros autores, como Vilaseca (1999), que pontuam que o processo de compreensão tem um caráter construtivo, que o leitor constrói uma estrutura envolvendo os conhecimentos do texto e seus conhecimentos prévios, que são recuperados na memória no curso do processamento.

Vilaseca (1999) busca elucidar a questão da compreensão e da memória com ênfase no que diz respeito à macroestrutura. Ilustra a formação da macroestrutura e sua função nos processos de compreensão e aprendizagem a partir de textos e destaca que o principal problema do processo de compreensão está na identificação dos diferentes níveis de representação, que são suscitados durante a leitura de um texto. Alicerçado em uma extensa fundamentação teórica, o autor conclui que a dificuldade de compreensão dos leitores pouco habilidosos está relacionada às operações de construção da macroestrutura do texto, ou seja, em como o leitor utiliza seu conhecimento prévio durante o processamento do texto. Portanto, cabe ao leitor esforçar-se no desenvolvimento de atividades cognitivas que o levem à integração entre o conhecimento dado e o novo. Desse modo, a macroestrutura será organizada de maneira coerente, permitindo o processo de compreensão e aprendizagem.

O estudo de todos esses modelos que se propõem a estudar o processo de compreensão de texto chama a atenção para a complexidade do processo e para o fato de que existem aspectos que ultrapassam os mecanismos mentais usados na compreensão. Portanto, compreender um texto é uma tarefa árdua, pois nem sempre o leitor sabe se realmente está entendendo o que lê e nem sempre sabe lidar com o fato de saber ou não saber.

Considerações finais

Diante de todas essas considerações, percebe-se que o processo de compreensão de textos é complexo e requer um estudo constante, principalmente, no que concerne aos processos de baixo e alto nível de compreensão, fundamentais para que seja estruturada uma visão mais ampla e elaborada acerca da compreensão textual. Para Brandão e Spinillo (1998, p. 253), a compreensão de textos pode ser concebida como "um processo de tradução das palavras em conhecimento, sendo um processo de natureza cognitiva e linguística".

Assim, a aquisição da leitura e da escrita na sociedade contemporânea é fundamental para que o leitor seja capaz de ler segundo um objetivo, criando estratégias de compreensão pessoais, resumindo as informações a partir do texto e de suas próprias vivências. Dessa maneira, o leitor será capaz de assumir uma atitude reflexiva e não meramente reprodutiva frente à informação, elaborando inferências e almejando o conhecimento para a resolução de problemas (Martins, Santos & Bariani, 2005).

De modo geral, este capítulo propôs-se a, tanto em termos teóricos como empíricos, fazer uma revisão acerca de aspectos pertinentes à compreensão de textos, destacando a relevância dos processos de baixo e de alto nível de compreensão e estimulando a discussão e a elaboração de estudos e pesquisas sobre o tema.

Referências bibliográficas

Andrade, M. W. C. L., & Dias, M. G. B. (2006). Processos que levam à compreensão de textos. *Psicologia em Estudo*, 11(1), 147-54.

Baddeley, A. (1989). *The Psychology of Remembering and Forgetting*. In Butler. Memory: History, Culture and the Mind. Londres: Basil Blackwell.

Barrera, S. D., & Maluf, M. R. (2003). Consciência metalinguística e alfabetização: um estudo com crianças na primeira série do ensino fundamental. *Psicologia: Reflexão e Crítica*, 16(3) 491-502.

Bottino, A. G. (2010). *Leitura e compreensão de textos na educação de jovens e adultos*. Tese de Doutorado. Universidade Federal do Rio de Janeiro: Rio de Janeiro. 177p.

Brandão, A. C. P., & Spinillo, A. G. (1998). Aspectos gerais e específicos na compreensão de textos. *Psicologia: Reflexão e Crítica*, 11(2), 253-72.

Bryant, P. E., & Badley, L. (1987). *Problemas de leitura na criança*. Porto Alegre: Artes Médicas.

Cain, K.; Oakhill, J. (2004). Handbook of Children's Literacy. Em T. Nunes & P. Bryant, *The Development of Comprehension Skills*. Londres: Kluwer Academic Publishers: 155-180.

__________. (2007). *Children's Comprehension Problems in Oral and Written Language: A Cognitive Perspective*. Nova York: The Guilford Press.

Capovilla, A. G. S.; Capovilla, F. C. (2000). Efeitos no treinamento de consciência fonológica em crianças com baixo nível socioeconômico. *Psicologia: Reflexão e Crítica*. 13(1), 7-24.

Capovilla, A. G. S., Capovilla, F. C., & Soares, J. V. T. (2004). Consciência sintática no ensino fundamental: correlações com consciência fonológica, vocabulário, leitura e escrita. *PsicoUSF*, 9, 1, 39-47.

Carpenter, P. A., Miyake, A., & Just, M. A. (1994). Working Memory Constraints in Comprehension: Evidence From Individual Difference, Aphasia and Aging. In M. A. Gernsbacher (Ed.). *Handbook of Psycholinguistics* (pp. 1075-122). Nova York: Academic Press.

Castro, R. M. C. A. (2008). Compreensão da leitura: aplicação da técnica do procedimento *Cloze* nos ensinos fundamental e médio. *Revistas de Estudos Linguísticos e Literários*. Patos de Minas: UNIPAM, 1(1), 70-8.

Correa, J. (2005). A avaliação da consciência morfossintática na criança. *Psicologia: Reflexão e Crítica*. Porto Alegre, 18(1), 91-7.

Dalgalarrondo, P. (2000). *Psicopatologia e semiologia dos transtornos mentais*. Porto Alegre: Artes Médicas.

Damásio, M. L. F. (2008). Compreensão da leitura como fator determinante para o rendimento escolar: aplicação da técnica de *Cloze* em estudantes na educação básica. *Revista Novas Ideias*, Recife, 1, 123-8.

Demont, E. (1997). Consciência fonológica, consciência sintática: que papel (ou papéis) desempenha na aprendizagem eficaz da leitura? In J. Gregóire & B. Piérart (Orgs.). *Avaliação dos problemas de leitura: os novos modelos teóricos e suas implicações diagnósticas.* (pp. 189-202). Porto Alegre: Artes Médicas.

Faulstich, E. L. J. (2005). *Como ler, entender e redigir um texto.* 18ª Edição. Petrópolis: Editora Vozes.

Ferreira, S. P. A., & Dias, M. G. B. B. (2002). A escola e o ensino da leitura. *Psicologia em Estudo*, 7, 39-49.

Foucambert, J. (1994). *A leitura em questão.* Porto Alegre: Artes Médicas.

Giangiacomo, M., & Navas, A. (2008). A influência da memória operacional nas habilidades de compreensão de leitura em escolares de 4ª série. *Revista Sociedade Brasileira Fonoaudiologia*, 13(1), 69-74.

Glenberg, A. M., & Robertson, D. A. (1999) D. A. Indexical Understanding of Instructions. *Discourse Processes*, 28(1), 1-26.

Graesser, A. C., Singer, M., & Trabasso, T. (1994). Constructing Inferences During Narrative Text Comprehension. *Psychological Review*, 101(3), 271-395.

Henriques, V. F. C. S., Soares, A. B. (2008). A compreensão de textos em condições de compartilhamento da atenção. *Psicologia em Pesquisa*, 2(2), 87-95.

Izquierdo, I. (2002). *Memória.* Porto Alegre: Artmed.

Kintsch, W. (1983). Information Accretion and Reduction in Text Processing: Inferences. *Discourse Processes*, 16, 193-202.

__________. (1998). *Comprehension: A Paradigm for Cognition.* Cambridge: University Press.

Kleiman, A. (2002). *Oficina de leitura: teoria e prática.* Campinas: Editora Pontes.

Kopke, H. F. (2001). *Estratégias em compreensão da leitura: conhecimento e uso por professores de língua portuguesa.* Tese de Doutorado. Faculdade de Filosofia, Letras e Ciências Humanas, Universidade de São Paulo, São Paulo.

Martins, R. M. M., Santos, A. A. A, & Bariani, I. C. D. (2005). Estilos cognitivos e compreensão leitora em universitários. *Paideia*, 15, 30, 57-68.

Melo, R. B. (2006). *A relação entre a consciência fonológica e a aquisição da leitura e da escrita de jovens e adultos.* Tese de Doutorado. Instituto de Psicologia. Universidade Federal do Rio de Janeiro, Rio de Janeiro, 225 p.

McNamara, D. S. (2007). *Reading Comprehension Strategies – Theories, Interventions and Technologies.* Mahwah: Lawrence Erlbaum Associates.

Montiel, J. M., & Capovilla, A. G. S. (2007). Teste de Atenção por Cancelamento. In A. G. S. Capovilla & F. C. Capovilla (Orgs.). *Teoria e pesquisa em avaliação neuropsicológica* (pp. 119-24). São Paulo: Memnon.

Morais, A. G. (2005). O desenvolvimento de habilidades de reflexão fonológica em adultos e jovens pouco escolarizados: seu papel no aprendizado do sistema de escrita alfabética. In T. F. Leal & E. B. C. Albuquerque (Org.). *Desafios da Educação de jovens e adultos: construindo práticas de alfabetização.* Belo Horizonte: Autêntica, 151-72.

Mota, M. M. P. E., & Castro, N. R. (2007). Alfabetização e consciência metalinguística: um estudo com adultos não alfabetizados. *Estudos de Psicologia*, I, 24(2), 169-79.

Mota, M. M. P. E., Annibal, L., & Lima, S. (2008). A morfologia derivacional contribui para a leitura e escrita no português? *Psicologia: Reflexão e Crítica*, 21(2), 311-18.

Mota, M. M. P. E. (2009). O papel da consciência morfológica para a alfabetização em leitura. *Psicologia em Estudo*, 14, 1, 159-66.

Mousinho, R. (2003). Desenvolvimento da leitura, escrita e seus transtornos. In M. Goldfeld (Org.). *Fundamentos em fonoaudiologia: linguagem.* Rio de Janeiro: Guanabara Koogan, 39-59.

Oliveira, K. L., & Santos, A. A. A. (2005). Compreensão em leitura e avaliação da aprendizagem em universitários. *Psicologia: Reflexão e Crítica*, 18(1), 118-24.

Rangé, B., & Silvares, E. F. M. (2001). Avaliação e formulação de casos clínicos adultos e infantis. Em B. Rangé (Org.). *Psicoterapias Cognitivas e Comportamentais: um Diálogo com a Psiquiatria.* Porto Alegre: Artmed, 79-99.

Rangel, T. (2005). *Processos cognitivos e requisitos da leitura.* Estudo Teórico da Tese de Mestrado. 43p. Disponível em http://www.calem.ct.utfpr.edu.br/monografias/RangelPeruchi.pdf. Acesso em 12 maio 2013.

Rossi, J. P., & Bert-Erboul, A. (1990). Selection des information important at comprehension de textes. *Psychologie Française*, 36(2), 135-42.

Rossi, J. P. (2009). *Psychologie de la compréhension du langage*. Collection: Ouvertures Psychologiques, Louvain-la-Neuve: De Boeck Université.

Solé, I. (1998). *Estratégias de leitura*. Porto Alegre: Artmed.

Spinillo, A. G., & Mahon, E. R. (2007). Compreensão de textos em crianças: comparações entre diferentes classes de inferência a partir de uma metodologia on-line. *Psicologia: Reflexão e Crítica*, 20(3), 463-71.

Sternberg, R. J. (2000). *Psicologia Cognitiva*. Porto Alegre: Artes Médicas.

Tomitch, L. M. B. (1995). *Reading: text organization perception and working memory capacity*. 354f. Tese (Doutorado em Língua Inglesa e Linguística Aplicada), Universidade Federal de Santa Catarina, Florianópolis.

Torres, A. C. G. (2003). Diferenças individuais na memória de trabalho e o desempenho na tarefa de construção de ideias principais em língua materna e língua estrangeira. *Fragmentos*, 24, 131-47.

Tunmer, W.E., Herriman, M.L. & Nesdale, A.R. (1988). Metalinguistic abilities and beginning reading. *Reading Research Quarterly*, 23, 134-158.

Van Dijk, T. A., & Kintsch, W. (1978). Toward a Model of Text Comprehension and Production. *Psychology Review*, 85(5), 363-94.

__________. (1983). *Strategies of Discourse Comprehension*. Nova York. Academic Press.

Vilaseca, J. L. L. (1999). La construcción de la macroestructura: de comprensión al aprendizaje a partir de textos. In G. Madruga & J. Antonio (Orgs.), *Comprensión lectora y memoria operativa. Aspectos evolutivos e instruccionales*. Barcelona: Paidós, 1-56.

Capítulo 2

Compreensão de texto e modelos teóricos explicativos: a influência de fatores linguísticos, cognitivos e metacognitivos

Antonio Roazzi, Luciana Hodges,
Bianca Queiroga, Rafaella Asfora e Maíra M. Roazzi
Universidade Federal de Pernambuco

Introdução

O estudo dos processos envolvidos na compreensão de texto tem merecido a atenção de pesquisadores de diversas áreas ao longo dos anos, pois mesmo com a ampliação dos meios de comunicação de massa e da internet a leitura se mantém como habilidade fundamental para o êxito no processo de aprendizagem escolar e como importante ferramenta de transmissão cultural. No que concerne aos aspectos cognitivos, os estudos têm demonstrado a influência crucial da leitura para os processos de pensamento imprescindíveis ao acesso à "cultura letrada". Nesse sentido, pode-se afirmar que é somente por meio da leitura que o indivíduo tem acesso a uma nova possibilidade social, de sair de uma posição de exclusão, de marginalização. Assim, considerando a importância da leitura para a vida em sociedades letradas, o desafio maior da educação, especialmente nas séries iniciais, é dar ao educando o acesso ao mundo letrado.

Considerando a complexidade e a variedade de aspectos que podem influenciar a habilidade de compreensão de texto, é razoável esperar que sejam numerosos os processos linguísticos, cognitivos e metacognitivos envolvidos. A importância dada a cada um deles varia de acordo com o referencial teórico (modelos de compreensão de texto) de cada pesquisador e com os métodos de pesquisa adotados. A psicologia cognitiva tem oferecido uma contribuição significativa para a compreensão desses processos, e o objetivo do presente capítulo é explorá-los separadamente e a partir da análise de alguns modelos teóricos explicativos.

Compreensão de texto: a associação de fatores linguísticos, cognitivos e metacognitivos

O interesse em estudar os processos envolvidos na compreensão do texto, em perspectiva teórica ou empírica, é acompanhado há algum tempo (ver Kintsch & Kozminsky, 1977), e nos anos mais recentes (ver, por exemplo, Diakidoy, Stylianou, Karefillidou & Papageorgiou, 2005), pela consideração dos processos comuns à compreensão do texto, escrito ou oral, e daqueles característicos de cada modalidade. A literatura vem mostrando que compreender não consiste em mera transformação de um grafema ou de um fonema para determinado significado. Pelo contrário, trata-se de um processo que deriva e depende do texto, ainda que o extrapole (Lajolo, 1991; Solé, 1998; Spinillo & Mahon, 2007; Marcuschi, 2008).

Kendeou, Van den Broek, White e Lynch (2007) apontam que a habilidade de decodificação se desenvolve de maneira independente da habilidade de compreensão, sendo condição necessária, mas não suficiente para assegurar o êxito na compreensão de texto.

Como aponta Lajolo (1991), ler um texto é diferente de decifrar o sentido dele, é atribuir significado àquilo que se lê. Pode-se dizer que a compreensão é um complexo processo dinâmico de construção de significados que exige um leitor que processe, critique, contraste e avalie as informações veiculadas no texto (Solé, 1998, 2003), de modo que a compreensão é tecida ativamente por ligações entre as proposições do texto e entre o texto e os conhecimentos prévios do leitor, tanto gerais como específicos, tanto adquiridos formal quanto informalmente.

Em outras palavras, enquanto a decodificação pode ser entendida como a capacidade de reconhecer e nomear corretamente as palavras que compõem um texto, a compreensão seria a capacidade de atribuir um significado ao texto. Porém, compreender um texto não significa simplesmente encontrar o significado de uma frase e adicioná-lo ao da frase seguinte, repetindo tal operação até o final do texto. Experimentos clássicos da psicologia cognitiva (e.g., Brandford & Johnson, 1973) têm demonstrado como o leitor pode compreender um texto em um nível superficial, mas não encontrar o significado do que está lendo (Kintsch & Van Dijk, 1978). Compreender torna-se, portanto, uma atividade de construção, interativa e ativa, que requer a integração de informações novas, contidas não apenas no texto, mas também no interior das estruturas de conhecimento do sujeito que está lendo.

Para um indivíduo compreender um texto, ele precisa fazer uso de uma série de processos de elaboração que culminem na construção de uma representação mental global e coerente. A esses processos concorrem tanto o conjunto de informações do próprio texto, enquanto estrutura temática organizada, como o conjunto de conhecimentos prévios que são ativados e que servem para guiar o leitor na interpretação ativa e crítica das informações textuais. As informações contidas no texto, de fato, remetem o leitor a esquemas de conhecimentos armazenados na memória de longo prazo e são recuperados para que seja alcançada uma compreensão em sua completude. Tais esquemas são formados a partir das vivências do leitor e, portanto, não se dissociam do contexto social em que ele está inserido. Solé (1998) aponta que tanto os níveis de motivação para ler quanto as estratégias de leitura adotadas são derivados dos objetivos de leitura e dos conhecimentos prévios do leitor.

Existe uma ampla literatura sobre a habilidade de compreensão de texto tanto no Brasil (e.g., Brandão & Spinillo, 1998, 2001; Dias, Morais & Oliveira, 1995; Ferreira & Dias, 2002, 2004; Salles & Parente, 2002; Kleiman, 2002; Spinillo & Mahon, 2007) como no exterior (e.g., Cornoldi & Oakhill, 1996; Garner, 1987; Perfetti, Marron & Foltz, 1996;

Yuill & Oakhill, 1991) que tem revelado que, de modo geral, fatores linguísticos (como aspectos sintáticos, semânticos, lexicais e a habilidade de decodificação do leitor) e fatores cognitivos (como memória de trabalho, monitoramento e habilidade inferencial) desempenham um importante papel em diferenciar bons leitores de leitores menos hábeis.

Do mesmo modo, os fatores metacognitivos também têm sido explorados e utilizados para compreender as diferenças entre bons e maus leitores. Nesse sentido, os estudos revelam que leitores menos habilidosos apresentam conhecimento inferior em relação aos objetivos e às estratégias de leitura, uma menor sensibilidade para o texto e um monitoramento menos eficaz da compreensão (Brown, Armbruster & Baker, 1986; Garner 1987; Yuill & Oakhill, 1991).

De qualquer maneira, parece que algumas variáveis, mais que outras, se revelam determinantes em discriminar os bons leitores dos menos habilidosos. Yuill, Oakhill e seus colaboradores têm confrontado sistematicamente crianças diferenciadas em suas habilidades de leitura em vários processos e conhecimentos. Essas investigações se caracterizam por rigorosos procedimentos de seleção da amostra e de controle de variáveis intervenientes, e os resultados desses estudos têm mostrado que crianças com uma dificuldade específica de compreensão apresentam problemas na produção de inferências, na memória de trabalho, na habilidade de identificar a estrutura principal e as ideias centrais do texto, ou ainda na habilidade de monitorar a própria compreensão (ver Oakhill, 1993).

Essas pesquisas tiveram o mérito de mostrar claramente que há leitores que apresentam dificuldade em compreender, mesmo sem ter problemas na decodificação (velocidade e precisão da leitura), no vocabulário e na velocidade de reconhecimento de palavras. Isso indica que a decodificação e a compreensão são duas habilidades independentes, ou seja, um bom nível de decodificação não é garantia de uma boa compreensão de texto, assim como pode haver boa compreensão de texto por parte de pessoas com dificuldades em decodificar.

Com base nessas ideias, Yuill e Oakhill (1991) separam os fatores envolvidos na compreensão de textos em dois grupos: fatores de baixo nível (decodificação, reconhecimento de palavras e memória de trabalho) e fatores de alto nível (estabelecimento de inferências, entendimento da estrutura do texto e monitoramento da compreensão). De acordo com Oakhill e Cain (2007), os fatores de baixo nível se referem à leitura eficiente e precisam estar presentes para que a compreensão de textos escritos ocorra. Quanto aos fatores de alto nível, eles se relacionam à construção de sentido e possuem um caráter mais amplo e global.

De modo semelhante, King (2007) estabelece uma diferenciação entre a compreensão profunda e a compreensão rasa. De acordo com a autora, a compreensão profunda se distingue da compreensão rasa no tocante ao grau de coerência da representação mental, sendo a primeira mais ricamente integrada que a segunda, pois – enquanto a compreensão rasa se caracteriza pela captura das informações mais objetivas explícitas no texto, a compreensão profunda exige do leitor maior elaboração e ativação de seus conhecimentos (de mundo, esquemas etc.), permitindo a identificação de relações causais entre eventos descritos no texto, as possíveis motivações e as consequências das ações dos personagens, além da intenção do autor.

No mesmo sentido, Graesser (2007) acrescenta que para que se chegue à compreensão profunda é necessário abandonar a ideia de que o parâmetro para isso seja somente o reconhecimento de palavras e frases.

Apesar de estarem inter-relacionados e se influenciando mutuamente no sujeito aprendiz, por uma questão didática e organizacional, os aspectos linguísticos, cognitivos e metacognitivos serão abordados separadamente a seguir.

O papel do léxico, da semântica e da sintaxe

O vocabulário, ou a extensão do conhecimento lexical, tem sido apontado como um dos componentes fundamentais para o processo de compreensão do texto. Graesser (2007) aponta que tanto as dificuldades em decodificar quanto as dificuldades com o vocabulário comprometem a compreensão, impedindo o alcance de níveis mais profundos. Não é possível pensar na ativação de outros processos, tanto automáticos como controlados pelo leitor, se faltar ou for difícil o acesso aos significados das palavras encontradas no processo de leitura (Chall, 1987). Nesta mesma direção, de acordo com Nassaji (2003), a diferença entre um leitor hábil e outro menos habilidoso pode ser atribuída à ineficiência e à lentidão em acessar o léxico e processar semanticamente as palavras. A baixa qualidade das representações lexicais observada em estudantes adolescentes com dificuldades em leitura conduz a uma ineficiência na habilidade de leitura e na compreensão de texto (Schiff, Nahshon & Nagar, 2010).

No entanto, dado que o texto não consiste somente em uma lista de palavras, um vocabulário rico e amplo não garante a compreensão. Assim, a compreensão do um texto não decorre da simples soma de seus elementos e o significado não é conhecido somente por meio dos elementos explícitos no texto. Compreender requer também, entre outras coisas, escolher, atribuir e associar significados mais amplos. Por essa razão, as habilidades inferenciais são essenciais.

Uma das formas de distinguir os tipos de inferências é separando-as entre inferência do tipo lexical e do tipo semântica (Hannon & Daneman, 2001). Um exemplo de inferência lexical é compreender o significado de "passo" e "espaço" na frase "o pouso na Lua é considerado um importante passo na exploração espacial". O conhecimento dos inúmeros significados de "passo" e "espaço", que podem ser obtidos a partir de um bom vocabulário, não é garantia para escolher o significado adequado para uma frase contendo esses dois termos. É evidente, portanto, a necessidade de um processo inferencial para ativar o significado correto.

Se a capacidade de inferência lexical se fundamenta essencialmente na adaptação de um dos possíveis significados de uma palavra dentro de uma frase, a capacidade de inferência semântica se fundamenta em um patrimônio mais extenso sobre o conhecimento do mundo. Esse aspecto será retomado adiante.

A sintaxe é outro aspecto que influencia a compreensão de textos, visto que o conhecimento e o uso de normas gramaticais auxilia no entendimento das sentenças. Tunmer (1990) defende que a consciência sintática facilita o reconhecimento de palavras, ou seja, a habilidade do aprendiz em monitorar uma sentença auxilia no reconhecimento de palavras na sequência de uma frase, possibilitando a autonomia do leitor na condução de sua compreensão. Nesta mesma direção, Gombert (2003) argumenta que a habilidade de crianças nos primeiros anos escolares em realizar tarefas de reprodução de erros de sintaxe intencionalmente em uma frase é um bom preditor da compreensão da leitura. Costa (1998) acrescenta que para determinar o significado das sentenças é preciso que antes se reconheça a função sintática das palavras e se estabeleça relações entre elas. Segundo Yuill e Oakhill (1991), falhas no entendimento das construções sintáticas podem prejudicar a memória de trabalho e a compreensão do texto.

Além de integrar aspectos lexicais, semânticos e sintáticos, Oakhill e Yuill (1996) destacam a importância do entendimento da estrutura do texto para a compreensão da leitura.

Assim, pode-se admitir que os componentes citados, apesar de considerados independentes, estão articulados entre si no processo de compreensão textual. Tais componentes exigem diferentes habilidades cognitivas e cada um traz uma contribuição específica para o processo, como tem sido mostrado na literatura (e.g., Cain, Oakhill & Bryant, 2004).

A importância da memória de trabalho

Outro fator que influencia a compreensão é a memória de trabalho. De acordo com Salles e Parente (2004), quanto mais rápida for a identificação de cada palavra, mais recursos a memória de trabalho irá disponibilizar na realização de operações de análise sintática, semântica e de integração de frases na organização do texto, que são processos cognitivos fundamentais para a compreensão da leitura.

Kintsch (1998) enfatiza a importância da memória de trabalho para a compreensão de textos, reconhecendo que ela está presente em todo o processo de leitura, auxiliando a construir e integrar uma representação mental que possibilita a compreensão. A memória de trabalho permite o armazenamento temporário de informações presentes no texto e de informações prévias resgatadas da memória de longo prazo (porém relacionadas ao texto) para que o leitor construa relações entre elas e, assim, construa o sentido do texto. Para o autor, a memória de trabalho seria o componente ativo da memória de longo prazo, que permitiria a atenção consciente durante a execução de dada atividade. Portanto, uma memória de trabalho ineficiente dificultaria a construção de um modelo mental do texto – que seria a integração dos conhecimentos do leitor com as informações do texto.

Pesquisas empíricas têm demonstrado essa relação. Yuill, Oakhill, Garnham e O'Donovan (submetido, citado em Oakhill & Garnham, 1996), por exemplo, realizaram um investigação em crianças de seis a onze anos de idade e mostraram que medidas de memória de trabalho verbal e numérica eram boas preditoras de posteriores desempenhos na compreensão, assim como a memória de trabalho visual-espacial também era uma medida preditora significativa da compreensão, principalmente em crianças mais velhas.

Gernsbacher (1990, 1993, 1997) propôs e sistematizou um modelo explicativo da compreensão, afirmando que um déficit de compreensão por parte de alguns leitores pode ser atribuído a um problema de inibição de informação irrelevante. De acordo com este modelo, existem dois mecanismos básicos responsáveis pelo processo de compreensão do texto: o de ativação e o de inibição. Se a relevância do primeiro mecanismo é clara e consiste justamente na ativação de informações importantes, o mecanismo de inibição é também crítico devido a seu papel na redução das informações menos relevantes e reduz interferências e sobrecarga na memória de trabalho. Se esse mecanismo perdesse a eficácia, o processo de compreensão sofreria as consequências – as informações irrelevantes permaneceriam ativadas, a memória de trabalho ficaria sobrecarregada e, na falta de recursos disponíveis, as informações importantes ficariam prejudicadas.

Investigações evidenciam que os maus leitores têm dificuldades em inibir a informação irrelevante, pois mantêm ativados, por exemplo, significados não relevantes em palavras polissêmicas ou até mesmo mantêm ativados protótipos, não especificamente os presentes em determinado contexto (Gernsbacher, Varner & Faust, 1990). Outras evidências experimentais têm demonstrado que pessoas com déficit de memória de trabalho e déficit em tarefas cognitivas complexas, como a compreensão de textos, apresentam problemas de inibição das informações irrelevantes (Hasher & Zacks, 1988; Stoltzfus, Hasher & Zacks, 1996).

De Beni e colaboradores (e.g., De Beni, Palladino, Pazzaglia & Cornoldi, 1998; Palladino, Cornoldi, De Beni & Pazzaglia, 2001) desenvolveram uma série de investigações cujos resultados permitem não somente destacar a importância da memória de trabalho no processo de compreensão do texto, como também esclarecer a natureza da relação entre esses processos. Neste sentido, afirmam que o problema da memória de trabalho dos leitores menos habilidosos não decorre apenas de dificuldades específicas de elaboração semântica do material verbal. De modo diferente, os dados obtidos pelos pesquisadores apontaram a probabilidade de que as dificuldades na memória de trabalho sejam mais gerais e de que os maus leitores não somente apresentem menos recursos cognitivos de memória de trabalho, como tenham uma dificuldade específica em inibir informações irrelevantes. Dessa forma, explica-se o fato de que a memória de trabalho encontra-se sobrecarregada de informações que criam interferências e que esse problema pode afetar a compreensão de texto, situação em que é importante focalizar as informações essenciais.

Entre o escrito e o não escrito: os processos inferenciais e o conhecimento prévio

Um texto escrito, por motivos de economia, não apresenta de forma explícita todas as informações necessárias para a elaboração que leva à compreensão. A maioria das informações permanece implícita, visto que quem produz o texto pressupõe, de forma mais ou menos consciente, que estas serão recuperadas pelo leitor de alguma forma.

Os processos que resgatam as informações não explicitamente veiculadas no texto e possibilitam relacionar e integrar as informações apresentadas entre si, e também com os conhecimentos prévios do leitor são chamados de inferenciais (Graesser & Kreuz, 1993; Rickheit & Strohner, 1985; Spinillo & Mahon, 2007).

A importância desempenhada por esses processos no decorrer da compreensão de um texto é notável: as inferências dão coerência ao texto, pois permitem a contextualização e a integração das informações e garantem a continuidade deste (Marcuschi, 2008). Pode-se dizer que é por meio das inferências que o leitor constrói o sentido, e alguns autores chegam a defender que a compreensão de textos é um processo inferencial por excelência (Santa-Clara & Spinillo, 2006; Spinillo & Mahon, 2007). Por esse motivo, nas últimas décadas foi realizado um grande número de pesquisas nesse âmbito, tanto com crianças quanto com adultos.

Clark e colaboradores (Clark, 1985; Clark & Carlson, 1981) apontam que os processos inferenciais decorrem da memória de trabalho, durante a compreensão, de maneira praticamente automática e rápida, sem que o leitor esteja consciente do fato. Entretanto, esses processos são de natureza cognitiva e implicam trabalho mental, como demonstra o fato de que o tempo de leitura torna-se mais longo quando é necessária uma inferência (Clark & Haviland, 1977).

Outro ponto ressaltado por Garrod e Sanford (1981) é que os processos inferenciais são indispensáveis para a compreensão, visto que contribuem dando coerência à representação semântica. Os autores ressaltam, ainda, que sua eficácia depende da qualidade e da quantidade dos conhecimentos prévios de quem os coloca em ação. De fato, diferentes conhecimentos prévios são uma fonte em potencial para a geração de inferências e, consequentemente, para diferentes interpretações de um mesmo texto (Cain, Oakhill, Barnes & Bryant, 2001); dessa forma, há uma multiplicidade de sentidos que podem ser derivados de um texto, contanto que não se afastem dos direcionamentos propostos pelo texto.

Tendo como base a literatura da área, é possível afirmar que uma elaboração profunda é aquela capaz de aproveitar e colocar em ação os processos inferenciais necessários para organizar, em uma estrutura semântica compacta e coerente, toda a informação linguística disponível. Diferentemente, uma elaboração superficial é aquela na qual as informações linguísticas podem permanecer relativamente soltas, por não terem sido preenchidos todos os vazios de significados que o texto necessariamente comporta (Mistler-Lacman, 1972). Por esse ponto de vista, a elaboração semântica realizada por uma criança que se encontra em desenvolvimento é mais superficial, pois somente no final do ensino fundamental os conhecimentos de base são suficientemente ricos a ponto de serem utilizados com eficácia no decorrer dos processos inferenciais.

Visto que tanto a memória de trabalho como os conhecimentos de base na infância são menos eficientes que na idade adulta, é evidente que em crianças os processos inferenciais são mais difíceis, mais demorados e menos automáticos (Schmidt & Paris, 1983). Assim, em determinados contextos em que eles seriam necessários, a compreensão pode ser prejudicada.

As inferências que ocorrem no processo de compreensão de um texto podem ser de diferentes tipos, como locais ou globais, induzidas pelo leitor ou pela tarefa, retrospectivas ou antecipatórias (Van Der Broek, 1994), automáticas ou controladas (Kintsch, 1998), geradas *online*, ou seja, durante a compreensão, ou geradas *offline*, após a compreensão, a partir da recuperação de informações (Graesser, Singer & Trabasso, 1994; Graesser & Zwaan, 1995), intratextuais ou extratextuais (Spinillo & Mahon, 2007), entre outras.

Podem também variar em função dos conteúdos explicitados pelo texto e dos esquemas de conhecimento ativados pelo sujeito ao longo do tempo (Graesser & Kreuz, 1993). Existem também aquelas inferências que explicitam as relações causais entre informações textuais, isto é, que constroem a estrutura lógica do texto. Trata-se de inferências que explicitam o antecedente causal – a inferência serve para reconstruir uma cadeia causal capaz de conectar a ação atual, o evento ou o estado a uma causa.

O modelo das relações causais de Trabasso e colaboradores, por exemplo, prevê que uma história seja representada na memória do sujeito como uma rede na qual as várias categorias, ou os nós conceituais, estariam relacionadas entre si por meio de oportunos nexos causais. Além disso, o autor destaca que as histórias caracterizadas por cadeias causais mais fortes, portanto, por um maior grau de coesão, são mais bem compreendidas e lembradas, independentemente de o leitor ser adulto ou criança (Trabasso & Van Der Broek, 1985).

Outras pesquisas realizadas por Trabasso e seus colaboradores têm demonstrado como aproximadamente a partir dos sete anos de idade as crianças são capazes de reconstruir a cadeia causal que conecta entre si os eventos de uma história e de trazer, assim, as inferências oportunas, quando os eventos e os nexos causais a serem inferidos remetem a conhecimentos de mundo anteriores (Trabasso & Van Der Broek, 1985).

Naturalmente, as representações semânticas de crianças dessa idade não possuem de forma plena as características de coerência e integração entre as informações nem de flexibilidade e globalidade. Os dados são processados de forma ainda superficial, utilizando estratégias lineares de elaboração da informação (Kintsch, 1993).

Entre as causas de tal limitação, pode-se apontar a escassa eficiência do funcionamento da memória de trabalho nas crianças. Isto comporta que a carga cognitiva das elaborações que estão ocorrendo seja mais elevada e que, portanto, sobrem menos recursos disponíveis para recuperar os conhecimentos necessários para preencher o vazio semântico ou para reconstruir uma cadeia causal que no texto não seja explicitada.

Enfim, modelos mais recentes estão investigando, além das operações e da identificação das letras e das unidades que formam as palavras, os processos cognitivos que possibilitam a construção da representação semântica e têm demonstrado que ela é o resultado de processos de integração de informações explícitas no texto e destas com os conhecimentos possuídos pelo leitor (e.g., Garnham, 2001; Gernsbacher, 1990; Kintsch, 1998; Kintsch & Rawson, 2005; Nation, 2005; Perfetti, Landi & Oakhill, 2005). Portanto, processos de leitura e processos inferenciais convergem na formação de uma representação semântica coerente e integrada do texto.

Metacognição e leitura

A metacognição pode ser entendida como primordial para o processo de aprendizagem e ser traduzida de maneira bem simples na expressão "aprender a aprender" (Valente et al., 1989). Literalmente, o termo metacognição significa reflexão sobre os processos mentais e indica, em sua acepção mais ampla, o conhecimento por parte do sujeito de suas próprias atividades cognitivas e o controle que ele é capaz de exercer sobre elas.

A questão da compreensão de texto e suas dificuldades tem sido abordada a partir de uma perspectiva que amplia a abordagem que enfatiza a memória e as habilidades inferenciais. Com efeito, logo no final dos anos 1970 a literatura sobre a compreensão da leitura começou a analisar sistematicamente a relação entre compreensão, as variáveis metacognitivas relativas ao conhecimento que cada pessoa possui sobre o próprio funcionamento cognitivo (conhecimento metacognitivo) e alguns mecanismos de controle realizados antes, durante e após a realização de uma tarefa cognitiva (autorregulação). Assim, a metacognição refere-se a planejamento, controle e avaliação da atividade cognitiva de modo consciente e deliberado.

O conjunto de variáveis metacognitivas envolvidas na compreensão do texto foi sistematizado em alguns modelos teóricos, entre os quais dois têm inspirado inúmeros estudos empíricos e programas de intervenção.

Trata-se dos modelos de Paris e seus colegas (Jacob & Paris, 1987; Paris, Cross & Lipson, 1984) e Brown e colaboradores (Baker & Brown, 1984; Brown, Armbruster & Baker, 1986; Brown, Brandsford, Ferrara & Campione, 1983; Brown, Campione & Day, 1981). A característica que une esses dois modelos é identificar uma distinção entre a consciência metacognitiva e as funções de controle. Os conhecimentos incluem um conjunto de ideias sobre a leitura, como que a consciência de que o objetivo principal da leitura é a compreensão do que se lê, e podem ser classificados de acordo com o tipo e assunto aos quais se referem. Em relação ao tipo de conhecimento metacognitivo, Paris, Cross e Lipson (1984) fazem uma distinção entre conhecimento declarativo (saber que existe uma estratégia), procedural (saber como aplicá-la) e condicional (saber as condições nas quais é vantajoso aplicá-las). Em relação ao objeto do conhecimento metacognitivo, Brown e colaboradores propõem uma distinção entre conhecimentos relativos à tarefa, às estratégias, ao texto e a si mesmo como leitor. No que concerne à atividade de controle, denominada por Paris como autogestão dos processos cognitivos, Brown (1978) identifica os seguintes componentes: previsão, planejamento, monitoramento e avaliação.

Sobre as estratégias que facilitam a compreensão do texto, Ferreira e Dias (2002) realizaram um estudo com crianças e adolescentes com dificuldades em compreensão de texto escrito, com o objetivo de comparar a eficácia de duas estratégias. Foi selecionada a estratégia de tomar notas durante a leitura do texto e a estratégia de elaboração de uma imagem mental. As autoras compararam dois grupos experimentais e um grupo controle e constataram que as duas estratégias facilitaram a compreensão do texto, sendo que a estratégia de tomar notas se apresentou como variável de maior influência na habilidade.

Inúmeras investigações têm demonstrado a existência de uma relação entre esses aspectos metacognitivos e a compreensão de texto (e.g., Garner, 1987). Além disso, diversos autores (e.g. Flavell, Miller & Miller, 1999; Jacobs & Paris, 1987) demonstraram que crianças muito novas (leitores iniciantes) apresentam pouco conhecimento e reflexão sobre o próprio pensamento, ou seja, fazem pouco uso das habilidades metacognitivas. Entretanto, esses mesmos estudos destacam que o aprendizado e o uso dessas habilidades podem ser favorecidos no contexto de instrução formal escolar.

Dentre as habilidades metacognitivas, Kato (1998) e Brown et al. (1983) sugerem que o uso de autorregulação durante a leitura pode se dar pelo estabelecimento de objetivos explícitos, como a identificação dos elementos relevantes da mensagem, tipo e premissas do texto, ou pelo monitoramento do ato de leitura.

O monitoramento tem sido colocado em destaque como um fator de alto nível que permite ao leitor avaliar a própria compreensão durante a leitura, tornando-o apto a perceber suas dificuldades ou mesmo a identificar incoerências existentes no texto. A partir da identificação de suas dificuldades, o leitor competente é capaz de adotar estratégias para melhorar sua compreensão. Leitores que apresentem problemas no aspecto do monitoramento podem ter dificuldades em eleger e utilizar estratégias de remediação. Em alguns casos, não conseguem nem perceber a presença de inconsistências em sua compreensão ou apenas percebem uma dificuldade difusa, sem conseguir especificá-la (Oakhill & Yuill, 1996; Yuill & Oakhill, 1991).

Estratégias de leitura e de remediação (quando necessárias) são ações que visam a melhorar a compreensão, seja de forma geral, seja em algum aspecto específico. Solé (1998), ao definir "estratégias", aponta que são procedimentos que envolvem tanto o aspecto cognitivo quanto o metacognitivo. O que se pode observar em pesquisas da área é que, de modo geral, estratégias e intervenções consideradas eficazes em estudos (e.g., Dias, Morais & Oliveira, 1995; Spinillo, 2008; Yuill & Oakhill, 1991) trazem um estímulo para que o leitor, de forma intencional, reflita sobre as informações com que se depara ao ler, e/ou sobre seus próprios processos de pensamento no tratamento dessas informações. Tais reflexões são a base tanto para o estabelecimento de inferências quanto para o monitoramento da compreensão. É sabido que o desenvolvimento desses processos tende a resultar em uma compreensão mais profunda e, assim, precisam ser valorizados no contexto educacional.

Modelos de compreensão de leitura

Dentre os modelos de compreensão que buscam explicitar as estratégias de compreensão de texto e esclarecer como as informações textuais e as informações derivadas dos conhecimentos de mundo do leitor se integram e se conectam em uma representação mental coerente, estão os modelos proposicionais (e.g., Castelfranchi & Parisi, 1980; Kintsch, 1998; Kintsch & Van Dijk, 1978). Um pressuposto de base dos modelos proposicionais é que a compreensão adequada de um texto lido ou ouvido ocorre porque o indivíduo é capaz de construir uma representação mental, como uma estrutura de proposições que se constituem tendo como base regras lógicas e linguísticas, formadas por um predicado e por um ou mais argumentos. As proposições reconstruídas mentalmente podem se organizar em conjunto, na medida em que detectem um mesmo argumento, mencionado explicitamente no texto ou captado por inferência.

A representação proposicional pode se estruturar essencialmente por dois tipos de estratégias, concebidas como a composição de uma lista de proposições extraídas de um texto (Anderson, 1976) ou como a criação de uma rede entre proposições, cujos argumentos irão constituir os nós e as relações entre os argumentos as relativas conexões (ou arcos) entre os nós (Rumelhart, 1975).

Um dos modelos proposicionais mais amplos e de maior aceitação é o de Kintsch (1988, 1993, 1998), denominado Modelo de Construção-Integração (CI). É um modelo proposicional que se fundamenta em elementos semânticos discretos (as proposições). O significado de um texto pode ser analisado por essas unidades semânticas. Durante a leitura ou ao ouvir um texto, o indivíduo constrói uma representação mental que consiste de proposições conexas entre si em um todo coerente por uma série de processos inferenciais.

De modo específico, três instâncias são consideradas essenciais no Modelo de Construção-Integração de Kintsch: os elementos textuais (seu conteúdo e sua forma linguística), o leitor (com seu conhecimento de mundo, conhecimentos acerca da língua e do conteúdo veiculado no texto) e a interação entre ambos. O modelo especifica duas fases distintas de processamento, e ambas ocorrem ciclicamente durante todo o processo de compreensão, ou seja, à fase de construção segue-se a fase de integração e, à medida que cada sentença é compreendida, essas fases se repetem (Graesser, 2007).

Na fase de construção as representações mentais vão se formando desordenadamente em nível local a partir dos significados das palavras e frases, podendo surgir associações irrelevantes. O *input* textual aciona conhecimentos relacionados armazenados na memória de longo prazo, trazendo-os para a memória de trabalho e, assim, permitindo ao leitor estabelecer as relações entre esses conhecimentos e as ideias veiculadas no texto.

Já na fase de integração, informações novas são gradativamente integradas às antigas e aos conhecimentos prévios do leitor. Quando alguma inconsistência ocorre, a integração fica comprometida, sendo a incoerência detectada pelo leitor tanto em nível local como global, e assim as construções inadequadas são abandonadas e a compreensão é organizada em um todo coerente.

Enquanto o modelo proposicional de Kintsch é um lado da moeda, o outro lado é a teoria dos esquemas/modelos mentais e seus inúmeros desdobramentos em função das diferentes denominações atribuídas à representação mental: "*script*" (Schank, 1980; Schank & Abelson, 1977), "*frames*" (Minsky, 1975), modelo (Collins, Brown & Larkin, 1980), cenário (Sanford & Garrod, 1981), esquemas (Rumelhart, 1980; Rumelhart & Ortony, 1977), modelos mentais (Johnson-Laird, 1983), entre outros. Esta abordagem tem sua sistematização teórica no livro *Mental Models* de Johnson-Laird (1983) – que propõe a noção de esquema como pressuposto teórico –, defendendo a ideia de que seres humanos constroem por vários processos, geralmente não conscientes, modelos mentais do mundo que são utilizados no raciocínio, inclusive naqueles demandados pela compreensão de texto.

Nesta abordagem dos esquemas/modelos mentais pressupõe-se que, além das representações proposicionais, o indivíduo que lê elabora uma representação mental global do texto, por referências aos conhecimentos dos quais ele dispõe na memória de longo prazo. Assim, a representação proposicional seria a base de um modelo mental cuja construção se inicia com a leitura dos primeiros elementos de um texto e se desenvolve, aperfeiçoa e, eventualmente, se modifica com a continuidade do processo. Ainda de acordo com a abordagem, os processos inferenciais não servem somente para garantir a conexão entre as proposições, mas para construir um modelo mental e verificá-lo no texto lido. O leitor faz uso do *input* linguístico para detectar um campo de conhecimentos apropriados, dos quais se serve em seguida para interpretar textos sucessivos.

Por exemplo, segundo Schank (1980) e Schank e Abelson (1977) a compreensão se realiza por um processo inferencial que integra as informações novas, aquelas contidas no texto, e o conhecimento do "*script*", isto é, as situações que se verificam com certa frequência. Mais especificamente, esse processo inferencial consiste na recuperação, entre os conhecimentos gerais relativos aos tipos de ações ou eventos do qual o texto fala, daquelas informações implícitas que se conectam às informações explícitas. *Script*, assim, se refere a estruturas estereotipadas de conhecimento que os indivíduos adquirem relativamente a eventos corriqueiros, como ir a um restaurante, fazer compras, exercitar-se, entre outros. Por exemplo: "Clara Nina estava com muita fome quando entrou no restaurante. Sentou-se e viu que um garçom estava próximo. Entretanto, de repente, percebeu que tinha esquecido os óculos para ler". Neste episódio é introduzida uma descontinuidade semântica com "entretanto" que é resolvida pelo leitor do texto com uma inferência: o detalhe dos óculos esquecidos é relevante, visto que Clara Nina precisa ler o cardápio para escolher o que pedir. Mesmo sem a lista dos pratos explicitamente nomeada, a expectativa do leitor acerca dos eventos no texto decorre do fato de que ele já conhece a sequência típica das ações que caracterizam as ações de um cliente em um restaurante; possuindo, em outras palavras, o *script* que é ativado ao iniciar a leitura do texto, quando é nomeada a entrada no restaurante. Assim, o *script* pode ser definido como uma estrutura cognitiva que, quando ativada, organiza a compreensão de situações que se fundamentam em eventos; em uma acepção mais geral, corresponde ao conjunto de inferências a respeito do desenrolar potencial de um conjunto de eventos.

Para que seja possível compreender as principais diferenças dos dois modelos teóricos, eles serão abordados separadamente a seguir.

Teoria proposicional: o modelo de Kintsch e Van Dijk

O modelo da compreensão e da produção do discurso de W. Kintsch e T. Van Dijk, proposto pela primeira vez em 1978 e revisto em 1983, é um exemplo paradigmático de uma frutífera interação entre um psicólogo (Kintsch) e um linguista (Van Dijk), visto que é o exemplo mais importante da abordagem proposicional para a compreensão do texto e pressupõe, como já apontado, que o significado de um texto pode ser analisado em unidades semânticas, isto é, as proposições. Outro motivo a ser ressaltado é o fato de o modelo se revelar especialmente útil na área educacional como instrumento de análise da produção escrita, por exemplo, na construção de um resumo e na revisão que um indivíduo faz do que tem escrito. Para ilustrar esse modelo é necessária uma breve retrospectiva da concepção da representação do texto elaborada no início dos anos setenta por W. Kintsch.

Inicialmente, em 1974 Kintsch desenvolve um sistema formal para representar o significado dos textos, de acordo com o qual um texto é considerado uma lista ordenada de proposições. As proposições, por sua vez, são compostas de conceitos expressos por palavras. Via de regra, uma proposição compreende um conceito que serve de predicado e um ou mais conceitos que servem de argumentos. Os itens lexicais, ou os conceitos-palavras, podem servir tanto como predicados quanto de argumentos. Por exemplo, a frase "Lucas bebe um suco" compreende um predicado, composto do verbo "beber" e de dois argumentos, "Lucas" e "suco". No sistema de Kintsch a proposição é escrita da seguinte forma: "bebe, Lucas, suco". Os argumentos em uma proposição podem desempenhar funções diferentes, isto é, assumir os vários casos gramaticais: agente, objeto, objetivo, entre outros. As proposições normalmente não estão isoladas, mas se formam por conexões, resultando no texto-base. As proposições estão ordenadas no texto-base por relações semânticas, de acordo com a forma como estão expressas no texto. Dessa forma, o texto-base corresponde à ideia de que quem está falando ou escrevendo tem algo em mente e procura expressar por meio de palavras. Kintsch deixa claro que o texto-base, assim como a proposição, é um conceito cognitivo, e não linguístico. Assim, uma base pode ser transformada antes de ser expressa verbalmente; do mesmo modo, é possível eliminar determinadas proposições redundantes.

As estruturas esquemáticas ou superestruturas desempenham um importante papel na compreensão e na produção do discurso. Essas estruturas são denominadas esquemáticas porque consistem em categorias convencionais que atribuem uma estrutura ulterior aos vários níveis do discurso e que permitem, por exemplo, interpretar uma história e operar uma distinção dentre tipos de texto. As superestruturas influenciam a aplicação de regras macro, pois especificam qual informação é relevante para a compreensão de determinado tipo de texto.

A referência aos esquemas e ao uso do conhecimento na compreensão do discurso é abordada de forma bem mais ampla e profunda em

Van Dijk e Kintsch (1983). Enquanto o modelo de 1978 era estratégico, focalizando os processos, as estratégias e as regras que o indivíduo aciona para compreender e lembrar um texto, o modelo de 1983 é ampliado e passa a focalizar também a representação do texto – a representação que o leitor gradualmente constrói na memória, tendo como base as informações do texto e a superestrutura –, que implica também elementos de conhecimentos, inferências e elaborações, ou seja, a referência a uma estrutura de conhecimento que fornece um modelo situacional do texto e do discurso. Três níveis ou códigos são mencionados: o código de superfície, que corresponde à captura das palavras e da sintaxe de forma exata ou quase exata, o texto-base (já descrito) e o modelo situacional. Este último corresponde às elaborações do leitor, que liga seus conhecimentos prévios à informação textual, de modo a complementá-la, contextualizá-la e dar-lhe coerência. Durante a leitura são recuperados da memória conjuntos de conhecimentos que formam a base para um modelo situacional denotado pelo texto. O modelo elaborado serve para interpretar o texto e evidencia todos os conhecimentos implícitos. É uma estrutura integrada de informação episódica, que recolhe as experiências anteriores do indivíduo, tanto as relativas às situações das quais tratou o texto como as de caráter geral, contidas na memória semântica. Sadosky (1999) ressalta que o modelo situacional não era considerado parte da representação do texto, mas uma representação mental acerca da situação tratada. Em 1988, essa teoria foi novamente ampliada, chegando ao modelo de construção-integração (Kintsch, 1988), que foi ulteriormente atualizado em 1998 (Kintsch, 1998).

Em um artigo de 1985, Kintsch e Greeno propõem um modelo de solução de simples problemas de aritmética (nas primeiras séries escolares), no qual convergem de um lado a teorização de Kintsch e Van Dijk sobre a representação do texto e suas estratégias de compreensão e, do outro, os estudos de Greeno sobre o papel do conhecimento semântico na representação de um problema. É retomada a distinção introduzida por Kintsch e Van Dijk entre estrutura proposicional da representação do texto e modelo situacional, hipotetizando uma analogia entre a compreensão de um texto narrativo ou expositivo e a compreensão do texto de um problema, mesmo se as estratégias de compreensão e as estruturas de conhecimento usadas se diferenciem em relação a tarefas e objetivos específicos. A representação de um problema aritmético do tipo "Clara Nina tem quatro bananas. Lucas dá a ela três bananas. Quanta bananas Clara Nina tem agora?" é dupla, pois compreende um componente proposicional e um modelo situacional, ou modelo do problema. As duas formas de representação são construídas em várias fases de elaboração da informação. O estímulo verbal é transformado em uma lista de proposições, que por sua vez são organizadas em uma macroestrutura que ressalta os conceitos e as relações mencionadas no texto do problema. O conjunto organizado de proposições constitui a base do texto. Na construção do modelo situacional, o leitor infere as informações relativas aos problemas aritméticos necessárias para a solução e fundamenta sobre elas o procedimento de solução. As informações dizem respeito tanto aos procedimentos a serem adotados (no caso anteriormente citado, a adição) como aos conhecimentos esquematizados relativos às condições para o uso dos mesmos procedimentos.

Teoria dos esquemas/modelos mentais

Para melhor entender a teoria dos esquemas/modelos mentais é necessário abordar e aprofundar a noção de esquema e, de forma mais geral, a noção de representação do conhecimento.

Quando se fala em esquemas é, de certo modo, importante relembrar a obra pioneira de Bartlett. Em seu livro de 1932, *Remembering*, Bartlett mostra por uma série de experimentos que a memória é um processo de construção que engloba as experiências anteriores e as atitudes do indivíduo. O autor usa o termo "esquema" para designar a organização de tais experiências que influenciam tanto a percepção como a produção dos conteúdos da memória. Nos anos setenta, a ciência cognitiva recuperou o conceito de esquema e, com ele, o tema da compreensão. De fato, foi apontado que todas as histórias compartilham elementos comuns em um nível geral e abstrato, que pode ser considerado uma estrutura da própria história. Isso levou ao conceito de "gramática das histórias", de Stein e Glen (1976), ou seja, um conjunto de regras a partir das quais se pode gerar a estrutura de qualquer história.

Por teoria dos esquemas – uma teoria do conhecimento, proposta por pesquisadores no âmbito da ciência da cognição – entende-se o conjunto de modelos que pressupõem que os seres humanos codificam elementos organizados de conhecimento na memória e usam tal conhecimento para compreender e armazenar novos conceitos[1]. Assim, essa teoria visa a explicar como se estrutura o conhecimento armazenado na memória, como o utilizamos, como compreendemos e adquirimos no cotidiano novos conhecimentos a partir do que já sabemos e como nossa mente fica apta e aberta para adquiri-los, visto que os esquemas mentais existentes estão sempre sujeitos a alterações e acréscimos.

Visando a compreender melhor a noção de esquema, consideramos a análise proposta por Rumelhart e Ortony (1977) em um artigo fundamental que permanece atual. A estrutura interna de um esquema corresponde, de várias maneiras, ao roteiro de uma comédia. Da mesma forma que um texto teatral pode ser interpretado por atores diferentes em situações diferentes sem que a natureza da comédia seja modificada, assim um esquema possui variáveis que podem estar associadas a diferentes aspectos do ambiente. Pode-se dizer que a execução de uma peça teatral corresponde à exemplificação (*instantiation*) de um esquema. Como uma comédia é executada enquanto os atores a recitam, um esquema entra em ação cada vez que uma configuração de valores é conectada a determinada configuração de variáveis em um momento específico. Usar um esquema significa, portanto, interpretar uma situação associando as variáveis do esquema aos diversos aspectos da situação (Rumelhart, 1984).

Esta analogia esquema-roteiro é baseada na ideia de que um texto de teatro possibilita, em geral, uma margem de flexibilidade em sua execução – uma peça de teatro é sempre a mesma, mas suas execuções são diferentes –, assim o esquema não é aplicado rigidamente, mas fornece uma estrutura em torno da qual a situação é interpretada. O uso do termo interpretação diante do esquema ressalta a função central deste, que seria o processo de compreensão propriamente dito. Assim, pode-

1 Thorndike (1977, 1984) apontou que na "gramática" das histórias considera-se uma estrutura hierárquica, a partir da qual estão colocadas as seguintes categorias: atmosfera, tema, trama e desfecho. Ele verificou experimentalmente tal gramática, encontrando que os sujeitos lembravam melhor a história quando o tema era colocado no início e quando o assunto era colocado no final, em vez de ser totalmente omitido.

-se pensar em um esquema como um tipo de teoria informal sobre a natureza dos eventos, dos objetos e das situações com as quais o indivíduo se depara no dia a dia. Se uma teoria inicialmente promissora não dá conta de uma situação, há duas alternativas: a primeira é aceitar o esquema e adaptar a situação, e a segunda é recusar o esquema e procurar outras possíveis interpretações. Nesse sentido, e este é um aspecto fundamental do conceito de aprendizagem na perspectiva cognitivista, a *compreensão* – tratando-se de um evento, de um problema, de um texto – pode ser considerada análoga à verificação de uma hipótese. Pode-se afirmar compreender uma situação quando for capaz de encontrar uma configuração de hipóteses, ou esquemas, que ofereçam uma explicação coerente dos vários aspectos da situação. Na medida em que não somos capazes de encontrar tal configuração, a situação pode parecer confusa e incompreensível. Além do mais, como outras teorias, os esquemas desempenham uma função preditiva. Uma vez que aceitamos determinado esquema como hipótese para uma situação, não é necessário verificar todos os aspectos, visto que se pode proceder por inferências, pressupondo ter como base o esquema. Assim, a situação apresenta determinadas características, ainda que não sejam visíveis.

Outro aspecto importante diz respeito ao fato de que na compreensão de textos os esquemas não apenas guiam a interpretação, mas também as expectativas, as inferências e a própria atenção dos leitores. A disponibilidade e o acionamento de esquemas em conexão com os textos lidos são tão importantes que, caso o leitor não os possua ou deixe de acioná-los, o texto terá pouca ou nenhuma oportunidade de fazer sentido para aquele leitor.

Considerações finais

A partir da revisão, é possível observar o quanto as pesquisas na área, realizadas no mundo inteiro, têm avançado no que tange ao conhecimento dos fatores envolvidos na compreensão de texto. Dada a complexidade desta habilidade e também seu importante papel para a inserção social do indivíduo, justifica-se o interesse de pesquisadores em aprofundar o entendimento acerca dos fatores que a compõem.

As pesquisas desenvolvidas no campo da psicologia cognitiva, de modo especial, contribuíram para o entendimento das estratégias cognitivas e metacognitivas envolvidas na aquisição, na organização e no controle de conhecimentos para a execução das tarefas de leitura e compreensão de texto. É possível afirmar que compreender um texto não significa somente decodificar informações nem considerar a relação entre palavras ou frases, mas construir uma coerente e significativa representação de seu conteúdo, integrando as informações novas com as antigas. Os modelos teóricos presentes na literatura da área apontam que a compreensão de um texto é uma construção gradativa e buscam explicar como esse processo de construção ocorre, a partir de um entendimento sobre como as informações textuais e as de outra natureza (conhecimentos prévios, de mundo, esquemas) se conectam para formar um todo coerente.

Neste capítulo, apresentamos dois modelos teóricos de compreensão de leitura: a) as teorias proposicionais que consideram o texto como dividido em unidades semânticas que o indivíduo se esforça para conectar por meio de processos inferenciais, constituindo as proposições, que seriam a base principal da compreensão textual e cujo exemplo paradigmático é o modelo de Kintsch e Van Dijk (em sua primeira formulação); e b) as teorias dos esquemas/modelos mentais cujo argumento enfatiza que, quando estuda, o indivíduo, além de relacionar semanticamente as proposições, conecta os novos conhecimentos aos já presentes em sua memória de longo prazo; em outras palavras, cada um de nós constrói modelos mentais aos quais fazemos referência para entender a realidade e que dificilmente se modificam.

Essas teorias nos levam a refletir sobre o processo de compreensão, apontando que decorre de um entendimento mais profundo, no qual a representação proposicional é integrada pelos conhecimentos gerais e pelo conhecimento específico do argumento. O modelo mental, portanto, representa não somente o conteúdo semântico do texto, mas também a situação, real ou imaginária, que lá está descrita. Nesse sentido, a compreensão não pode ser vista como resultado de uma passiva transferência de informação de um texto para o leitor. Pelo contrário, pressupõe uma série de operações construtivas decorrentes de um processo ativo de troca e integração entre os dados, os conhecimentos já presentes na bagagem cultural do leitor e os conhecimentos ulteriormente adquiridos no ato da leitura, pelas operações inferenciais de preenchimento e interpretação ou pela extrapolação de noções não diretamente presentes no texto.

Pesquisas em crianças têm evidenciado como o processo inferencial funciona em termos evolutivos. Tem sido demonstrado, por exemplo, que as habilidades de base, tais como ir além da informação disponível ou inferir conclusões novas, estão presentes em crianças desde as séries que antecedem o período de alfabetização, na educação infantil (e.g., Bryant & Trabasso, 1971; Gelman, Bullock & Meck, 1980; Trabasso, 1975).

Apesar da vasta literatura explicando como a criança aprende, ainda observa-se um elevado índice de crianças com dificuldades de aprendizagem de leitura, sobretudo em países como o Brasil, que possui indicadores alarmantes de fracasso escolar. Assim, no contexto educacional brasileiro, as considerações e o alerta sobre as implicações pedagógicas tornam-se ainda mais importantes. De fato, pelo valor social que as dificuldades de aprendizagem assumem em uma cultura letrada, assim como pela importância da leitura para a aprendizagem escolar, os esforços, agora, necessitam ser voltados à implementação de tais conhecimentos científicos no cotidiano escolar.

Diferentemente da linguagem oral, a aprendizagem da leitura e da escrita necessita de instrução formal, e boa parte das dificuldades de aprendizado é decorrente da forma como a leitura e a escrita têm sido tratadas na escola. As escolas devem repensar a formação de seus alunos no que diz respeito à leitura. Para tanto, o professor necessita estar dotado de embasamento teórico e disposto a realizar mudanças em si mesmo e em sua prática pedagógica.

Uma vez que compreender é construir sentidos, uma das tarefas da escola deveria ser incentivar os alunos a estarem abertos às possibilidades e aceitar modelos mentais alternativos, ensinando a compreender a natureza de nossas próprias construções mentais e das construções dos outros. Assim, é importante enfatizar a relevância de uma educação para a metacognição, para a descoberta dos mecanismos mentais que regem o processo de aprendizagem – estratégias, objetivos, intenções, escopos, esquemas mentais – e para que isso ocorra desde a primeira infância.

Vários estudos têm mostrado que o desenvolvimento das habilidades metacognitivas, no sentido de "conhecer como você conhece", corresponde, na prática, a um avanço nas capacidades de compreensão. Por essa razão, como ressaltado neste capítulo, temos assistido, nos últimos anos, a um crescente interesse nas teorias metacognitivas e em suas possíveis aplicações no ensino.

Em se tratando de compreensão de leitura, a metacognição refere-se ao conhecimento que o sujeito possui sobre a finalidade da leitura, às estratégias que ele usa, ao controle que exercita para monitorar a compreensão. Na prática, isso significa, por exemplo, que maus leitores se concentram na decodificação e, sem estar cientes de ter de encontrar o significado do que estão lendo, não sabem qual o propósito de ler. Isso não significa possuir menos estratégias, mas, sim, que podem ser menos capazes de aplicá-las de forma flexível e adequada. Esses sujeitos podem não perceber que não entenderam, podem também não "ver" que o texto apresenta inconsistências ou incoerências; poder-se-ia afirmar, em certo sentido, que estão orientados para o simples desempenho do ato de ler. Além disso, é claro que a falta de entendimento é capaz de comprometer o sucesso acadêmico, implicando fortes repercussões emocionais e motivacionais. A metacognição é, portanto, um recurso que, se usado e valorizado pelo professor em sala de aula, torna-se útil para a avaliação, a compreensão e a superação de dificuldades atribuídas ao aluno durante a leitura, independente de ele ser uma criança ou um adulto (Paula & Leme, 2003).

É oportuno também destacar a importância de a escola tornar os alunos conscientes das estruturas dos diferentes gêneros textuais, por meio da prática de reflexões metalinguísticas que facilitem tanto a compreensão como a produção de textos. Não se trata de construir mecanicamente determinados textos com uma sequência de frases nem de oferecer aos alunos um esquema rígido e imutável; trata-se de acostumá-los a refletir sobre o que leem e escrevem, levando-os a perceber os nexos causais, os elementos relevantes, a relação entre os episódios do texto etc.

Nos dias atuais, ter habilidade para ler significa muito mais que decodificar um texto. Espera-se que um leitor eficiente interaja com o texto e seu autor, recorrendo às próprias ideias e a seu repertório linguístico, sendo capaz de inferir, criticar, concordar e discordar do autor. Portanto, a leitura deve fazer sentido para o leitor e deve se articular com as informações semânticas anteriores. Neste sentido, é importante que as histórias, assim como outros textos utilizados para promover a leitura das crianças, sejam escolhidas a partir de critérios que levem em consideração aspectos textuais, como a coesão e a coerência, capazes de facilitar a compreensão e a lembrança, bem como a diversidade cultural do pequeno leitor.

Ainda em relação ao ensino da leitura, é preciso trabalhar a decodificação de forma integrada com a compreensão, mas é importante focar nas peculiaridades e nas demandas de cada habilidade. De fato, a decodificação desempenha um importante papel instrumental para a compreensão, mas isolada não é suficiente para o êxito no processo de leitura. Como visto, as duas habilidades se fundamentam em processos cognitivos diferentes, sendo independentes e, portanto, demandando estratégias de ensino diversas. No caso da decodificação, o ensino deve estar voltado para a automatização do reconhecimento de palavras por meio de um percurso que leve ao léxico visual, e no caso da compreensão deve focar no objetivo de tornar o sujeito capaz de encontrar as principais informações do texto, entender a estrutura e fazer inferências. Portanto, compreender significa encontrar e construir o significado – dois termos que subentendem um percurso ativo. O significado de um texto é construído em uma representação mental do que é lido, e isso é possível graças à integração de conhecimento já existente (de tipo lexical, sintático, semântico), além das informações que o texto oferece. Para Kintsch (1998), essa representação mental se dá em um processo de construção e de integração que se alternam, permitindo a seleção e a integração de informações em um todo coerente.

Com relação ao papel da memória, os estudos de Gernsbacher (1990) e Gernsbacher e Faust (1991, 1995) apontam a existência de um mecanismo de ativação de informações relevantes e de um mecanismo de supressão de informações irrelevantes, o que possibilita criar uma estrutura que representa o significado do texto. Destaca-se, assim, a necessidade de selecionar as informações importantes que caracterizam o texto, integrá-las às já existentes e formar uma representação coerente do texto. Os processos envolvidos são, portanto, relacionados tanto à memória de longo prazo quanto à de curto prazo e à de trabalho. Como ilustrado anteriormente, os conhecimentos prévios são importantes para a compreensão do texto, pois permitem inferências e deduções adequadas. Em termos operacionais, pode significar que ativar os conhecimentos já existentes auxiliam as crianças com dificuldades de aprendizagem. A compreensão de um texto não requer, portanto, somente a manutenção passiva das informações lidas na memória de curto prazo, requer também uma atividade de elaboração do conteúdo que é lido.

Entende-se que a memória de curto prazo tem uma capacidade limitada; isso significa que é necessário selecionar e lembrar apenas as informações importantes. Assim, a representação mental começa a ser construída a partir dos primeiros elementos do texto, e, tendo como base seus conteúdos, ativam-se algumas informações na memória que serão mantidas somente se, continuado com a leitura, permanecerem coerentes, caso contrário, a construção mental será iniciada novamente a partir de outros elementos. Construir mais subestruturas mnemônicas torna mais difícil a compreensão; isso é evidente em maus leitores, que não são capazes de inibir a informação irrelevante e sobrecarregam a memória de curto prazo com demasiadas subestruturas que dificultam a representação global do texto.

Além desses fatores, os modelos teóricos apresentados enfatizam a importância do conhecimento prévio para a compreensão da leitura: conquanto o modelo de Kintsch e Van Djik não priorizava esse aspecto em sua primeira formulação, em reformulações subsequentes ele passa a ser reconhecido; já a teoria dos esquemas dá destaque à importância do conhecimento prévio para a compreensão da leitura. Esse aspecto também tem uma importante implicação pedagógica, pois muitas dificuldades em leitura podem ser decorrentes da falta de vivência ou de experiência dos leitores sobre determinados temas. Assim, também se destaca a importância de privilegiar o trabalho com temas que façam parte do contexto de vida dos aprendizes, que sejam relacionados a algo importante ou prazeroso para eles.

Em um país em desenvolvimento como o Brasil, o investimento no aprimoramento das habilidades de letramento da população, especialmente de crianças e jovens, será fundamental para o crescimento do país. Assim, espera-se que as considerações realizadas na presente revisão desencadeiem reflexões e o planejamento de ações práticas no âmbito educacional, que possam desenvolver as habilidades linguísticas, cognitivas e metacognitivas de crianças e jovens brasileiros, ajudando, inclusive, os alunos com problemas de aprendizagem.

Referências bibliográficas

Anderson, J. R. (1976). *Language, Memory and Thought*. Hillsdale, NJ: Erlbaum.

Baker, L., & Brown, A. L. (1984). Metacognitive Skills of Reading. In D. Pearson, R. Barr, M. Kamil, & P. Mosenthal (Orgs.). *Handbook of Reading Research* (pp. 53-394). Nova York: Longman.

Bartlett, F.C. (1932). *Remembering: A Study in Experimental and Social Psychology*. Cambridge: Cambridge University Press.

Brandão, A. C. P., & Spinillo, A. G. (1998). Aspectos gerais e específicos na compreensão de textos. *Psicologia: Reflexão e Crítica*, 11(2), 253-72.

__________. (2001). Produção e compreensão de textos em uma perspectiva de desenvolvimento. *Estudos de Psicologia*, 6(1), 55-66.

Bransford, J. D., & Johnson, M. K. (1973). Considerations of some problems of comprehension. In W. G. Chase (Ed.), *Verbal information processing* (pp. 383-438). New York: Academic.

Brown, A. L. (1978). Knowing when, Where, and How to Remember: a Problem of Metacognition. In R. Glaser (Org.). *Advances in Instructional Psychology*. Hillsdale: Lawrence Earlbaum Associates.

Brown, A. L., Armbruster, B. B., & Baker, L. (1986). The Role of Metacognition in Reading and Studying. In J. Orasanu (Org.). *Reading Comprehension: From Research to Practice*. Hillsdale, NJ: Lawrence Erlbaum Associates.

Brown, A. L., Bransford, J. D., Ferrara, R. A., & Campione, J. C. (1983). Learning, Remembering, and Understanding. In J. H. Flavell & E. M. Markman (Orgs.). *Carmichael's Handbook of Child Psychology*, v. 3 (pp.77--166). Nova York: Wiley.

Brown, A. L., Campione, J. C., & Day, J. D. (1981). Learning to Learn: on Training Students to Learn From Texts. *Educational Researcher*, 10, 14-21.

Bryant, P. E., & Trabasso, T. (1971). Transitive Inferences and Memory in Young Children. *Nature*, 232, 456-8.

Cain, K., Oakhill, J., & Bryant, P. (2004). Children's Reading Comprehension Ability: Concurrent Prediction by Working Memory, Verbal Ability, and Component Skills. *Journal of Educational Psychology*, 96(1), 31-42.

Cain, K., Oakhill, J., Barnes, M., & Bryant, P. (2001). Comprehension Skill, Inference Making Ability and Their Relation to Knowledge. *Memory & Cognition*, 29(6), 850-9.

Castelfranchi C., & Parisi D. (1980). *Linguaggio, conoscenze e scopi*. Bolonha: Il Mulino.

Chall, J. (1987). Two Vocabularies for Reading: Recognition and Meaning. In M. G. McKeown & M. E. Curtis (Orgs.). *The Nature of Vocabulary Acquisition* (pp.7-17). Hillside, NJ: Lawrence Erlbaum Associates.

Clark, H. H. (1985). Inferences in Comprehension. In R. Dirven & V. Fried (Orgs.). *Functionalism in Linguistics* (Linguistic and Literary Studies in Eastern Europe). Amsterdã: John Benjamins.

Clark, H. H., & Carlson, T. B. (1981). Context for Comprehension. In J. Long & A. Baddeley (Orgs.). *Attention and Performance IX* (pp. 313-30). Hillsdale, NJ: Lawrence Erlbaum Associates.

Clark, H. H., & Haviland, S. E. (1977). Comprehension and the Given-New Contract. In R. O. Freedle (Org.). *Discourse Production and Comprehension* (pp. 1-40). Hillsdale, NJ: Lawrence Erlbaum Associates.

Collins, A., Brown, J., & Larkin, K. (1980). Inference in Text Understanding. In R. Spiro, B. Bruce & W. Brewer (Orgs.). *Theoretical Issues in Reading Comprehension* (pp. 385-407). Hillsdale: Lawrence Erlbaum Associates.

Cornoldi, C., & Oakhill, J. (1996) (Orgs.). *Reading Comprehension Difficulties: Processes and Intervention*. Mahwah, NJ: Erlbaum.

Costa, L. F. A. C. (1998). *Problemas de compreensão de leitura em alunos universitários: um estudo exploratório*. Dissertação de Mestrado, UFPE, Recife, 137p.

De Beni, R.; Palladino, P.; Pazzaglia, F., & Cornoldi, C. (1998). Increases in Intrusion Errors and Working Memory Deficit of Poor Comprehenders. *Quarterly Journal of Experimental Psychology*, 51A, 305-20.

Diakidoy, I. N., Stylianou, P., Karefillidou, C. ,& Papageorgiou, P. (2005). The Relationship Between Listening and Reading Comprehension of Differents Types of Text at Increasing Grade Levels. *Reading Psychology*, 26, 55-80.

Dias, M. G. B. B.; Morais, E. P. M., & Oliveira, M. C. N. P. (1995). Dificuldades na compreensão de textos: uma tentativa de remediação. *Arquivos Brasileiros de Psicologia*, 47(4), 13-22.

Ferreira, S. P. A., & Dias, M. G. B. B. (2002). Compreensão de leitura: estratégias de tomar notas e da imagem mental. *Psicologia: Teoria e Pesquisa*, 18(1), 51-62.

Ferreira, S. P. A., & Dias, M. G. B. B (2004). A leitura, a produção de sentidos e o processo inferencial. *Psicologia em Estudo*, 9(3), 439-48.

Flavell, J. H., Miller, P. H., & Miller, S. A. (1999). *Desenvolvimento cognitivo*. Porto Alegre: Artes Médicas.

Garner, R. (1987). *Metacognition and Reading Comprehension*. Nova Jersey: Ablex Publishing Corporation.

Garnham, A. (2001). *Mental Models and the Interpretation of Anaphora*. Hove, East Sussex: Psychology Press.

Garrod S. C., & Sanford A. J. (1981). Bridging Inferences in the Extended Domain of Reference. In J. Long & A. Baddeley (Orgs.). *Attention & Performance* (v. IX, pp. 331-46). Hillsdale, NJ: Lawrence Erlbaum Associates.

Gelman, R., Bullock, M., & Meck, E. (1980). Preschooler's understanding of Simple Object Transformations. *Child Development*, 51, 691-9.

Gernsbacher M. A. (1990). *Language Comprehension as Structure Building*. Hillsdale, NJ: Lawrence Erlbaum Associates.

Gernsbacher, M. A., & Faust M. E. (1991). The Mechanism of Suppression: A Component of General Comprehension Skill. *Journal of Experimental Psychology: Learning, Memory, & Cognition*, 17, 245-62.

Gernsbacher, M. A., & Faust M. E. (1995). Skilled Suppression. In F. N. Dempster & C. J. Brainerd (Orgs.). *Interference and Inhibition in Cognition* (pp. 295-327). San Diego: Academic Press.

Gernsbacher, M. A., Varner, R. R., & Faust, M. (1990). Investigating Differences in General Comprehension Skill. *Journal of Experimental Psychology: Learning, Memory and Cognition*, 16, 430-45.

Gernsbacher, M. A. (1993). Less Skilled Readers Have Less Efficient Suppression Mechanisms. *Psychological Science*, 4(5), 294-8.

Gernsbacher, M. A. (1997). Group Differences in Suppression Skill. *Aging, Neuropsychology & Cognition*, 4, 175-84.

Gombert, J. E. (2003). Metalinguagem e aquisição da linguagem escrita: contribuições da pesquisa para a prática da alfabetização. In Maria Regina Maluf (Org.). *Atividades metalinguísticas e aprendizagem da leitura* (pp. 19-63). São Paulo: Casa do Psicólogo.

Graesser, A. C., & Kreuz, R. J. (1993). A Theory of Inference Generation During Text Comprehension. *Discourse Processes*, 16, 146-60.

Graesser, A. C., & Zwaan, R. A. (1995). Inference Generation and the Construction of Situation Models. In C. A. Weaver, S. Mannes & C. R. Fletcher (Orgs.). *Discourse Comprehension: Essays in honor of Walter Kintsch* (pp. 117-39). Hillsdale, NJ: Lawrence Erlbaum Associates.

Graesser, A. C., Singer, M., & Trabasso, T. (1994). Construction Inferences During Narrative Text Comprehension. *Psychological Review*, 101(3), 371-95.

Graesser, A.C. (2007) An Introduction to Strategic Reading Comprehension. In McNamara, D. S. (Org.). *Reading Comprehension Strategies: Theories, Interventions, and Technologies* (pp. 3-26). Nova York: Lawrence Erlbaum Associates.

Hannon, B., & Daneman, M. (2001). A New Tool for Measuring and Understanding Individual Differences in the Component Processes of Reading Comprehension. *Journal of Educational Psychology*, 93,103-28.

Hasher L., & Zacks R. T. (1988). Working Memory, Comprehension, and Aging: A Review and a New View. In G. G. Bower (Org.). *The Psychology of Learning and Motivation*, v. 22 (pp. 193-225). San Diego, CA: Academic Press.

Jacobs, J. E., & Paris, S. G. (1987). Children's Metacognition About Reading: Issues in Definition, Measurement and Instruction. *Educational Psychologist*, 22(3-4), 255-78.

Johnson-Laird, P. N. (1983). *Mental Models*. Londres: Cambridge University Press.

Kato, M. (1998). *O aprendizado da leitura*. São Paulo: Martins Fontes.

Kendeou, P., Van Den Broek, P., White, M. J., & Lynch, J. (2007). Comprehension in Preschool and Early Elementary Children: Skill Development and Strategy Interventions. In D. S. McNamara (Org.). *Reading Comprehension Strategies: Theories, Interventions, and Technologies*. (pp. 27-45). Nova York: Lawrence Erlbaum Associates.

King, A. (2007). Beyond Literal Comprehension: a Strategy to Promote Deep Understanding of Text. In D. S. McNamara (Org.). *Reading Comprehension Strategies: Theories, Interventions, and Technologies* (pp. 267-90). Nova York: Lawrence Erlbaum Associates.

Kintsch, W. (1974). *The Representation of Meaning in Memory*. Hillsdale, NJ: Lawrence Erlbaum Associate.

Kintsch, W. (1988). The Use of Knowledge in Discourse Processing: A Construction-Integration Model. *Psychological Review*, 95, 163-82.

Kintsch, W. (1993). Information Accretion and Reduction in Text Processing: Inferences. *Discourse Processes*, 16(1-2), 193-202.

Kintsch, W. (1998). *Comprehension: a Paradigm For Cognition*. Cambridge: Cambridge University Press.

Kintsch, W., & Greeno, J. (1985). Understanding and solving Word Arithmetic Problems. *Psychological Review*, 92(1), 109-29.

Kintsch, W., & Kozminsky, E. (1977). Summarinzing Stories After Reading and Listening. *Journal of Educational Psychology*, 69, 491-5.

Kintsch, W., & Rawson, K. (2005). Comprehension. In M. J. Snowing & C. Hulme (Orgs.). *The Science of Reading: a Handbook* (pp. 209-26). Oxford: Basil Blackwell.

Kintsch, W., & Van Dijk, T. A. (1978). Toward a Model of Text Comprehension and Production. *Psychological Review*, 85(5), 363-94.

Kintsch, W., & Van Dijk, T. A. (1978). Toward a Model of Text Comprehension and Production. *Psychological Review*, 85, 363-94.

Kleiman, A. (2002). *Texto e leitor: aspectos cognitivos da leitura*. Campinas: Pontes.

Lajolo, M. (1991). *Leitura em crise na escola: as alternativas do professor*. Porto Alegre: Mercado Aberto.

Marcuschi, L. A. (2008). *Produção textual, análise de gêneros e compreensão*. São Paulo: Parábola Editorial.

Minsky, M. (1975). A Framework for Representing Knowledge. In P. Winston (Org.). *Psychology of Computer Vision*. Nova York: McGraw-Hill.

Mistler-Lachman, J. L. (1972). Levels of Comprehension in Processing of Normal and Ambiguous Sentences. *Jounal of Verb. Learn. Verb. Behavior*, 11, 614-23.

Nassaji, H. (2003). Higher-level and Lower-Level Text Processing Skills in Advanced ESL Reading Comprehension. *Modern Language Journal*, 87(2), 261-76.

Nation, K. (2005). Children's Reading Comprehension Difficulties. In M. J. Snowing & C. Hulme, (Orgs.). *The Science of Reading: A Handbook* (pp. 248-66). Oxford: Basil Blackwell.

Oakhill, J., & Cain, K. (2007). Issues of Causality in Children's Reading Comprehension. In McNamara, D. S. (Org.). *Reading Comprehension Strategies: Theories, Interventions, and Technologies* (pp. 47-71). Nova York: Lawrence Erlbaum Associates.

Oakhill, J., & Garnham A. (1996). (Orgs.). *Mental Models In Cognitive Science: Essays in Honour of Phil Johnson-Laird.* East Sussex, England: Psychology Press.

Oakhill, J., & Yuill, N. (1996). Higher Order Factors in Comprehension Disability: Processes and Remediation. In C. Cornoldi & J. Oakhill (Orgs.). *Reading Comprehension Difficulties: Processes and Intervention* (pp. 69-92). Mahwah, NJ: Lawrence Erlbaum Associates.

Oakhill, J. V. (1993). Children's Difficulties in Reading Comprehension. *Educational Psychology Review*, 5, 223-37.

Palladino, P., Cornoldi, C., De Beni, R., & Pazzaglia, F. (2001). Working Memory and Updating Processes in Reading Comprehension. *Memory & Cognition*, 29(2), 344-54.

Paris, S. G., Cross, D. R., & Lipson, M. Y. (1984). Informed Strategies for Learning: A Program to Improve Children's Reading Awareness and Comprehension. *Journal of Educational Psychology*, 76, 1239-52.

Paula, F. V. de, & Leme, M. I. da S. (2003). A importância do desenvolvimento da metacognição para a superação de dificuldades da leitura. In M. R. Maluf. (Org.). *Metalinguagem e aquisição da escrita contribuições da pesquisa para a prática da alfabetização* (pp. 91-118). São Paulo: Casa do Psicólogo.

Perfetti, C. A., Landi, N., & Oakhill, J. (2005). The Acquisition of Reading Comprehension Skill. In M. J. Snowing & C. Hulme (Orgs.). *The Science of Reading: A Handbook* (pp. 227-47). Oxford: Blackwell.

Perfetti, C. A., Marron, M. A., & Foltz, P. W. (1996). Sources of Comprehension Failure: Theoretical Perspectives and Case Studies. In C. Cornoldi & J. Oakhill, (Orgs.). *Reading Comprehension Difficulties. Processes and Intervention.* (pp. 136-67). Mahwah: Lawrence Erlbaum Associates.

Rickheit, G., & Strohner, H. (1985). (Orgs.). *Inferences in Text Processing.* Amsterdã: North Holland.

Rumelhart, D. E. (1985). Toward an Interactive Model of Reading. In H. Singer & R. Ruddell. *Theoretical Models and Process of Reading* (pp. 722-51). 3ª ed. Newark, International Reading Association.

Rumelhart, D. E. (1977). Toward an Interactive Model of Reading. In S. Dornic. *Attention and Performance* VI (pp. 575-603). Hillsdale, NJ: Erlbaum.

Rumelhart, D. E. (1980). Schemata: the Building Blocks of Cognition. In R. J. Spiro, B. C Bruce & W. F. Brewer (Orgs.). *Theoretical Issues in Reading Comprehension* (pp. 38-58). Hillsdale, NJ: Lawrence Erlbaum Associates.

Rumelhart, D. E. (1984). Schemata and the Cognitive System. In R. S. Wyer Jr & T. K. Srull (Orgs.). *Handbook of Social Cognition*. V.1 (pp. 161-88). Hillsdale, NJ: Lawrence Erlbaum Associates.

Rumelhart, D. E., & Ortony, A. (1977). The Representation of Knowledge in Memory. In R. C. Anderson, R. J. Spiro & W. E. Montague (Orgs.). *Schooling and the Acquisition of Knowledge*. Hillsdale, NJ: Lawrence Erlbaum Associates.

Rumelhart, D. E. (1975). Notes on a Schema for Stories. In D. G. Bobrow & A. Collins (Orgs.). *Representation and Understanding: Studies in Cognitive Science* (pp. 185-210). Nova York: Academic Press.

Sadosky, M. (1999). Comprehending Comprehension. *Reading Research Quarterly*, 34(4), 493-500.

Salles, J. F., & Parente, M. A. M. P. (2002). Processos cognitivos na leitura de palavras em crianças: Relações com compreensão e tempo de leitura. *Psicologia: Reflexão e Crítica*, 15(2), 321-31.

Salles, J. F., & Parente, M. A. M. (2004). Compreensão textual em alunos de segunda e terceira series: uma abordagem cognitiva. *Estudos de Psicologia*, 9(1), 71-80.

Sanford, A. J., & Garrod, S. C. (1981). *Understanding Written Language*. Chichester: John Wiley & Sons.

Santa-Clara, A., & Spinillo, A. G. (2006). Pontos de convergência entre o inferir e o argumentar. *Psicologia: Teoria e Pesquisa*, 22(1), 87-94.

Schank, R. C. (1980). Language and Memory. *Cognitive Science*, 4, 243-84.

Schank, R. C., & Abelson, R. P. (1977). *Scripts, Plans, Goals and Understanding*. Hillsdale, NJ: Erlbaum.

Schiff, R., Schwartz-Nahshon, S., & Nagar, R. (2010). *Effect of Phonological and Morphological Awareness on Reading Comprehension in Hebrew-Speaking Adolescents With Reading Disabilities* (pp. 1-10). Annals of Dyslexia, outubro 7.

Schmidt, C. R., & Paris, S. G. (1983). Children's Use of Successive Clues to Generate and Monitor Inferences. *Child Development*, 54(3), 742-59.

Solé, I. (1998) *Estratégias de leitura*. 6ª ed. Porto Alegre: Artmed.

Solé, I. (2003) Ler, leitura, compreensão: "sempre falamos a mesma coisa?". In A. Teberosky, C. Oller, E. V. Abarca, G. M. Rico, I. Solé, J. Serra; J. Quintanal, J. Jolibert, L. Tolchinsky, M. T. Bofarull, M. Pipkin, M. Cerezo, M. Soliva & R. Gil. *Compreensão de leitura, a língua como procedimento* (pp. 17-34). Porto Alegre: Artmed.

Spinillo, A. G. & Mahon, E. R. (2007). Compreensão de texto em crianças: comparações entre diferentes classes de inferência a partir de uma metodologia on-line. *Psicologia: Reflexão e Crítica*, 20(3), 463-71.

Spinillo, A. G. (2008) O leitor e o texto: desenvolvendo a compreensão de textos na sala de aula. *Revista Interamericana de Psicología/Interamerican Journal of Psychology*, 42(1), 29-40.

Stein, N. L., & Glen, C. G. (1976). An Analysis of Story Comprehension in Elementary School Children. In R. Freedle (Org.). *New Directions in Discourse Processing* (pp. 53-120). Nova Jersey: Norwood.

Stoltzfus, E. R., Hasher, L., & Zacks, R. T. (1996). Working Memory and Aging: Current Status of the Inhibitory View. In J. T. E. Richardson (Org.). *Working Memory and Human Cognition* (pp. 66-88). Nova York: Oxford University Press.

Thorndyke, P. W. (1977). Cognitive Structures in Comprehension and Memory of Narrative Discourse. *Cognitive Psychology*, 9, 71-110.

Thorndyke, P. W. (1984). Applications of Schema Theory in Cognitive Research. In J. R. Anderson & S. M. Kosslyn (Orgs.). *Tutorials in Learning and Memory: Essays in Honor of Gordon Bower* (pp. 167-92). Nova York: Freeman & Company.

Trabasso, T. (1975). Representation, Memory, and Reasoning: How Do We Make Transitive Inferences? In A. Pick (Org.). *Minnesota Symposia on Child Psychology* (v.9, pp. 135-72). Minneapolis: University of Minnesota Press.

Trabasso, T., & Van der Broek, P. (1985). Causal Thinking and the Representation of Narrative Events. *Journal of Memory and Language*, 24, 612-30.

Tunmer, W. E. (1990). The Role of Language Prediction Skills in Beginning Reading. *New Zealand Journal of Educational Studies*, 25, 95-114.

Valente, M. O., Gaspar, A., Lobo A. N., Salema, M. H., Morais, M. M., & Cruz, M. N. (1989). O desenvolvimento da capacidade de pensar através do currículo escolar: utilização de estratégias metacognitivas. *Cadernos de Consulta Psicológica*, 5, 69-79.

Van den Broek, P. (1994). Comprehension and memory of narrative texts: Inferences and coherences. In M.A. Gernsbacher (Ed.), *Handbook of psycholinguistics* (pp. 539–588). San Diego, CA: Academic Press.

Van Dijk, T. A., & Kintsch, W. (1983). *Strategies of Discourse Comprehension*. Nova York: Academic Press.

Yuill, N., & Oakhill, J. (1991). *Children's Problems In Text Comprehension: An Experimental Investigation*. Cambridge: Cambridge University Press.

Capítulo 3

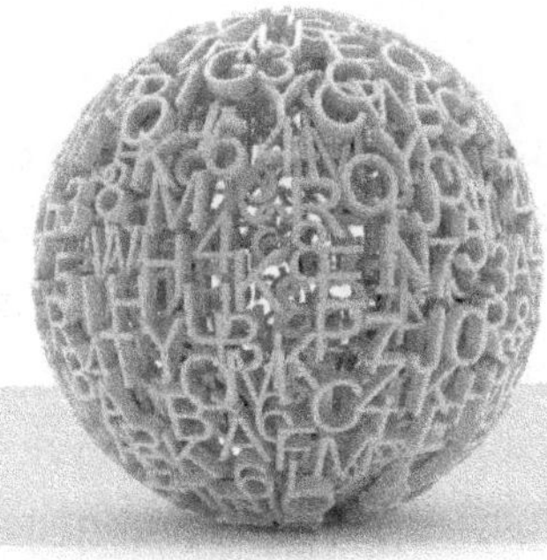

Por um modelo simples de leitura, porém não tão simples assim

Jane Correa e Renata Mousinho
Universidade Federal do Rio de Janeiro

Introdução

Ler é uma prática sociocultural (Freire, 1989). Em uma sociedade letrada, inúmeras atividades diárias são marcadas pela linguagem escrita. A trajetória escolar, por exemplo, depende bastante das habilidades linguísticas dos aprendizes (Correa & MacLean, 1999). A leitura é também importante para o domínio das novas tecnologias e a inclusão em uma sociedade de informação e informatização crescentes. Nesse sentido, ler constitui uma forma de estar e atuar na sociedade contemporânea (Marcuschi, 2008).

Além de sua natureza sociocultural, a leitura é uma atividade cognitiva (Berninger, Cartwright, Yates, Swanson & Abbott, 1994), uma vez que é realizada por um indivíduo sob certas condições, com determinados conhecimentos, motivações e propósitos de leitura (Soares, 2004). Em um processo dialético e dialógico, ao exercer sua atividade sobre o texto, o leitor é, ao mesmo tempo, transformado pela leitura. Assim, a leitura é um dispositivo de construção subjetiva para o leitor (Correa & MacLean, 1999; Nicolaiewsky & Correa, 2008).

Ler implica ressignificar o texto lido. Por meio da leitura, não só identificamos as informações contidas no texto, mas, e principalmente, relacionamos, construímos e nos apropriamos de conhecimentos. Nessa perspectiva, o leitor tem papel central e ativo na interpretação, uma vez que a leitura não é tomada apenas como atividade de identificação nem de reprodução da informação, mas como um processo que implica a construção e a apropriação de sentidos, tendo como base a relação entre o autor, o texto e o próprio leitor (Koch & Elias, 2006; Marcuschi, 2008).

Por parte do leitor, a leitura implica uma série de conhecimentos. Ao ler, e para poder ler, o leitor mobiliza, de maneira dinâmica, seus conhecimentos de mundo, seus conhecimentos sobre a língua, além de sua experiência com, e sobre, os textos (Koch & Elias, 2006; Soares, 2004). Na leitura estão presentes também diversas habilidades linguístico-cognitivas (Oakhill & Garnham, 1988). Tais habilidades vão da relação que o leitor faz entre os símbolos escritos e a pauta sonora até a realização de inferências, antecipações, comparações e conjecturas (Oakhill & Cain, 2004; Soares, 2004).

Correntemente, empregamos a palavra leitura para designar a habilidade do leitor para decodificar, significando assim, em particular, o domínio da relação entre grafemas e fonemas. Observa-se tal uso, por exemplo, na expressão "lê, mas não entende o que lê". Como consequência deste emprego, estabelece-se a dicotomia entre ler e compreender, sendo necessário recorrer a expressões como "ler e compreender", "leitura e interpretação", "ler com compreensão", para fazer menção à produção de sentido presente no ato de ler.

Apesar de exercida sobre e a partir da materialidade linguística do texto, a leitura é uma atividade de construção de significado, compreendendo tanto habilidades e saberes relacionados à língua quanto à compreensão (Koch & Elias, 2006; Oakhill & Cain, 2004; Soares, 2004). É com esse sentido, designando simultaneamente domínio das habilidades relacionadas ao domínio do sistema de escrita e à compreensão, que a palavra leitura será empregada ao longo deste capítulo.

Conforme anteriormente mencionado, embora o domínio do conhecimento da relação entre os sistemas fonológico e ortográfico e de outras convenções da escrita não seja suficiente para a realização da leitura, o conjunto de tais saberes é requisito necessário ao ato de ler (Oakhill & Cain, 2004). Dificuldades no aprendizado das convenções da linguagem escrita têm como consequência o desenvolvimento precário da habilidade de leitura, o que concorre para insucessos na trajetória escolar de crianças e jovens (Correa & MacLean, 1999; Gregg & Mather, 2002).

Se a aprendizagem tem fundamento na interação entre o sujeito e o objeto de conhecimento, não significa que a apropriação de todo e qualquer conhecimento deva ser realizada por um processo de descoberta baseado apenas na convivência do aprendiz com tal objeto, sem que haja concomitantemente um processo de aprendizado sistemático (Graham, 2000). Aprender a ler e a escrever requer a realização das conversões grafofonêmicas com precisão e velocidade, o que implica a construção de saberes e o desenvolvimento de habilidades que não acontecem, para a maioria das crianças, pela simples convivência ou exposição ao material impresso, sem envolvimento em uma relação de conhecimento e de aprendizado sistemático.

O presente capítulo tem como objetivo examinar a importância de habilidades linguístico-cognitivas relacionadas ao processamento fonológico para o domínio do sistema de escrita, ou seja, na construção dos saberes acerca da língua implicados no desenvolvimento da leitura pela criança. Será discutida a importância de tais habilidades a partir da descrição do modelo simples de leitura, no qual o ato de ler é representado pela relação estabelecida entre as habilidades de decodificação e compreensão. Em seguida, são examinadas, individualmente, habilidades linguístico-cognitivas de processamento fonológico associadas ao domínio do sistema de escrita pelas crianças. Na sequência, é apresentada uma contribuição para o modelo simples de leitura com a inclusão de algumas das habilidades linguístico-cognitivas examinadas na seção anterior. Por último, as considerações finais, reafirmando a importância do aprendizado do sistema de escrita para o desenvolvimento da habilidade de leitura das crianças.

O modelo simples de leitura

Ler implica um processo de interpretação do texto escrito a partir da relação estabelecida entre símbolos escritos e unidades sonoras (Soares, 2004). Esse entendimento do que é a leitura está presente no Modelo Simples de Leitura (*Simple View of Reading*) proposto por Gough e Tumner (1986). Este modelo (ver também Gough, Hoover, & Peterson, 1996; Hoover & Gough, 1990) distingue dois componentes principais que contribuem para nosso entendimento acerca do desenvolvimento da habilidade de leitura: a decodificação e a compreensão.

De acordo com esse modelo, por meio da habilidade de decodificação, seria possível ao leitor converter letras em unidades sonoras – processo específico à leitura. Por outro lado, a compreensão, habilidade compartilhada com a linguagem oral, auxiliaria o leitor a fazer sentido do texto escrito. Na descrição do modelo, algumas vezes o termo decodificação aparece também designado como reconhecimento de palavra ou identificação da palavra. O termo compreensão, por sua vez, é apresentado também como compreensão oral, compreensão linguística ou compreensão de linguagem (Carver, 1998).

No modelo simples de leitura, tal qual proposto por Gough e Tumner (1986), decodificação e compreensão estão relacionadas de forma multiplicativa. Nesse modelo de relação, a variabilidade observada no desenvolvimento da leitura resultaria do produto da decodificação e da compreensão (leitura = decodificação × compreensão). Como resultante de uma relação multiplicativa, a leitura não poderia ser realizada na ausência de qualquer das habilidades contidas no modelo, quer da decodificação, quer da compreensão. Em um modelo multiplicativo, o produto é nulo se um dos fatores na equação tiver valor igual a zero. Dessa forma, nem a decodificação, nem a compreensão, tomadas de forma independente, seriam suficientes para explicar o desenvolvimento da habilidade de leitura.

A proposta de Gough e Tumner (1986) contrasta com a versão do modelo simples de leitura, segundo a qual as habilidades de decodificação e compreensão poderiam ter uma contribuição independente para a leitura (Perfetti, 1977; Dreyer & Katz, 1992). Nesta versão do modelo simples de leitura (leitura = decodificação + compreensão), as habilidades de decodificação e compreensão estariam relacionadas de maneira aditiva e não mais multiplicativa, conforme o modelo inicialmente proposto por Gough & Tumner (1986). Nesta versão do modelo, em que a decodificação e a compreensão têm contribuições independentes, a atividade de leitura poderia ser realizada na ausência de um dos dois componentes principais. Assim, de forma compensatória, o ato de ler seria realizado com base no desenvolvimento da habilidade de decodificação ou, na ausência deste, apoiando-se na habilidade de compreensão.

Como em um modelo aditivo, o resultado não é nulo se um dos termos da equação é zero e a ausência da habilidade de decodificação não seria impeditivo à leitura. Nesse caso, a leitura dependeria inteiramente da habilidade de compreensão e, como tal, seria realizada com auxílio de pistas contextuais. Por outro lado, com níveis baixos de compreensão oral, o processo de leitura se apoiaria basicamente nas habilidades de decodificação do leitor.

Desde sua formulação inicial, foram encontradas evidências empíricas em favor do modelo simples de leitura, na versão multiplicativa ou na aditiva (Dreyer & Katz, 1992; Hoover & Gough, 1990; Joshi & Aaron, 2000; Savage, 2001). No entanto, a versão que prevê que a leitura seja o produto das habilidades de decodificação e da compreensão consegue prever uma variabilidade maior de perfis relacionados ao desempenho em leitura (Joshi & Aaron, 2000). A versão multiplicativa do Modelo Simples de Leitura prevê, por exemplo, a possibilidade de existirem não leitores, enquanto a versão aditiva, apenas a existência de leitores menos habilidosos.

Adotar a versão multiplicativa do modelo implica admitir a indissociabilidade entre a habilidade para dominar o sistema de escrita e a produção de sentido para o ato de ler. Na versão aditiva do modelo, no entanto, é possível estabelecer a dicotomia entre ler e compreender, tornando possível a leitura sem o entendimento do conteúdo.

Embora o modelo simples de leitura tenha conseguido explicar uma porção significativa das diferenças no desempenho dos leitores (Dreyer & Katz, 1992; Hoover & Gough, 1990; Joshi & Aaron, 2000; Savage, 2001), outras habilidades poderiam ser incluídas no modelo visando ao entendimento da variabilidade ainda inexplicada desse desempenho.

Perfetti (1977), ao descrever o modelo simples de leitura, acrescentou mais um termo à equação, ao qual chamou termo X, que corresponderia a outras habilidades linguístico-cognitivas que viessem a ser adicionadas ao modelo no futuro. Na equação proposta por Perfetti (1977), o fator adicional (termo X) deveria explicar uma variabilidade menor do desempenho em leitura que a decodificação e a compreensão somadas.

Joshi e Aaron (2000), tendo como referência a versão proposta por Perfetti (1977), testam ambas as versões do modelo simples de leitura em relação ao desempenho de crianças com escolaridade até o terceiro ano, associadas a uma medida de velocidade de processamento: a nomeação automatizada rápida de letras. O modelo que melhor previu o desempenho das crianças foi aquele em que a leitura foi tomada como produto das habilidades de decodificação e compreensão. A adição da nomeação automatizada rápida propiciou um acréscimo de 10% ao percentual de variabilidade explicada do desempenho em leitura pelo modelo original (Joshi & Aaron, 2000).

Além da possibilidade de acréscimo de outros termos ao modelo simples de leitura (Joshi & Aaron, 2000), a decodificação e a compreensão poderiam ter sua variabilidade analisada em relação a outras variáveis. Observa-se que a contribuição da decodificação e da compreensão para a leitura pode variar em função do próprio desenvolvimento dos leitores (Gough et al., 1996; Joshi et al., 1998). Quando as crianças são mais jovens, nos primeiros anos do ensino fundamental, seu desempenho em leitura parece depender em maior extensão da habilidade de decodificação, enquanto com o aumento da escolaridade as diferenças individuais na habilidade de leitura parecem ser mais bem explicadas pelo nível de compreensão dos aprendizes.

Dada a importância que a habilidade para a conversão entre símbolos escritos e unidades sonoras assume para a compreensão leitora nos primeiros anos do ensino fundamental, e particularmente no português brasileiro (Mousinho et al., 2009), vamos reexaminar, na próxima seção, algumas habilidades linguístico-cognitivas associadas ao domínio do sistema de escrita pelas crianças, e consequentemente ao desenvolvimento da habilidade de decodificação.

Das habilidades linguístico-cognitivas que levam ao domínio do sistema de escrita

Embora ler implique a construção de significados a partir da habilidade de relacionar letras e sons, cada uma dessas habilidades parece contribuir de forma distinta para a leitura, em função de diferentes fases no desenvolvimento da criança (Gough et al., 1996; Joshi et al., 1998). Quando as crianças estão nos primeiros anos do ensino fundamental, a compreensão oral parece não contribuir de forma tão significativa para explicar as diferenças encontradas no desempenho em leitura quanto à habilidade de decodificação. Tal fato pode ser entendido, por um lado, pelo nível mais elementar de complexidade dos textos normalmente lidos por leitores principiantes (Lee & Wheldall, 2009). Por outro lado, quanto mais árduo for para a criança relacionar letras e sons na leitura e mais impreciso for o processo de decodificação, mais difícil será também relacionar o texto escrito a seu conhecimento de mundo (Lyon, 1998).

Nas primeiras séries, se a decodificação de leitura é um forte indicador do desempenho da criança em leitura (Harn, Stoolmiller & Chard, 2008), seus efeitos parecem diminuir ao longo da escolaridade, até que só são considerados moderados (Floyd, Gregg & Keith, 2004). Com o avanço da escolaridade, da experiência de leitura e o maior domínio do sistema de escrita, a habilidade de decodificação estaria suficientemente desenvolvida a ponto de não haver diferenças significativas entre as crianças no estabelecimento das relações grafofonêmicas e das convenções ortográficas. Neste ponto, então, a habilidade de decodificação deixaria de ser um fator relevante para explicar as diferenças encontradas no desempenho dos aprendizes em leitura. Com a complexidade crescente dos textos escritos em função da escolaridade, diferenças individuais na leitura parecem ser mais bem explicadas pelo nível de compreensão geral dos aprendizes.

Uma vez que nossa atenção está voltada para o desenvolvimento da habilidade de leitura das crianças nos anos iniciais do aprendizado da linguagem escrita, importa, então, considerarmos determinadas habilidades linguístico-cognitivas para o domínio do sistema de escrita e o consequente desenvolvimento da decodificação.

Em relação ao desenvolvimento típico nos primeiros anos do ensino fundamental, a capacidade cognitiva global das crianças não parece suficiente para explicar as diferenças de desempenho no aprendizado da linguagem escrita. Em contrapartida, os efeitos das habilidades de processamento fonológico, a saber, consciência fonológica, memória de trabalho e nomeação automatizada rápida, mostram-se bastante relevantes nessa etapa escolar. A aprendizagem da leitura em ortografias diferentes tem mostrado que essas habilidades do processamento fonológico se distinguem umas das outras, bem como da habilidade cognitiva geral (Anthony et al., 2007), merecendo ser apresentadas separadamente.

Consciência fonológica

A consciência fonológica pode ser definida como o conhecimento das subunidades que compõem a palavra falada e a habilidade de manipulação delas (Bradley & Bryant, 1983; Perfetti, Beck, Bell & Hughes, 1987). Uma vez que é necessário refletir sobre a estrutura fonológica da linguagem oral, a consciência fonológica é uma habilidade de natureza metacognitiva (Gombert, 1992).

Contudo, a consciência fonológica não é um construto unitário (Yopp, 1988). Diversas são as habilidades que a compõe (Gough, Larson & Yopp, 1995), e elas variam em função do segmento sonoro considerado (palavra, sílaba, rima, fonema) ou, ainda, do tipo de operação cognitiva realizada sobre essas unidades (segmentação, identificação, julgamento de similaridade ou diferença entre segmentos sonoros, subtração, transposição, entre outras). Dessa forma, diferentes habilidades fonológicas poderiam ser descritas, dentre as quais: segmentação silábica, fonêmica, identificação de sílaba inicial, de sílaba final, de fonema inicial, subtração de fonemas e transposição silábica.

As habilidades de consciência fonológica mencionadas variam também em termos de complexidade, segundo a operação cognitiva e o segmento sonoro considerado (Gough, Larson & Yopp, 1995). Por exemplo, as atividades relacionadas à sílaba, que constituem a consciência silábica, são em geral realizadas mais cedo que aquelas realizadas sobre fonemas (tarefas de consciência fonêmica).

A consciência fonológica desempenha um papel importante na aprendizagem da leitura (Bradley & Bryant, 1983; Wagner & Torgesen, 1987). Por outro lado, o próprio aprendizado da leitura e da escrita influencia também o desenvolvimento de habilidades fonológicas (Morais, Cary, Alegria & Bertelson, 1979). Nesse sentido, a relação que se estabelece entre a consciência fonológica e o aprendizado da linguagem escrita é de causalidade recíproca (Goswami & Bryant, 1990; Morais,1987; Wagner & Torgesen, 1987). Assim, certa competência em consciência fonológica é importante para o aprendizado da escrita, enquanto a experiência do aprendiz com a leitura e a escrita promove o desenvolvimento ulterior da consciência fonológica, e assim sucessivamente.

No entanto, as habilidades de consciência fonológica necessárias ao aprendizado inicial da leitura variam em função da língua falada pelo aprendiz (Caravolas, 1993). No inglês, a rima e a aliteração são as habilidades que influenciam de forma significativa o aprendizado da leitura (Bryant, MacLean, Bradley & Crossland, 1990). No português brasileiro, as habilidades de consciência fonológica que parecem mais se correlacionar com o desempenho inicial do aprendiz em leitura no período de alfabetização são aquelas relacionadas à consciência silábica (Mousinho & Correa, 2009).

Leitores habilidosos são também aqueles com melhores desempenhos em tarefas de consciência fonológica (Goswami & Bryant, 1990; Holligan & Johnston, 1988). Dificuldades em análise fonológica estão relacionadas a dificuldades específicas de aprendizagem da linguagem escrita, incluindo a dislexia, em particular (Bryant & Bradley, 1985; Goswami & Bryant, 1990).

De que forma se poderia, então, entender o papel da consciência fonológica para o domínio do sistema de escrita e desenvolvimento da habilidade de decodificação na criança? De acordo com Byrne e Fielding-Barnsley (1989), para a compreensão do sistema alfabético, seriam necessários: 1) a consciência de que é possível segmentar a língua falada em unidades distintas; 2) a consciência de que essas mesmas unidades repetem-se em diferentes palavras faladas; 3) o conhecimento das regras de correspondência entre grafemas e fonemas. Destaca-se que os dois primeiros fatores são habilidades da consciência fonológica e que o terceiro fator necessita das habilidades de consciência fonológica de forma que o aprendiz estabeleça a correspondência entra as pautas sonora e gráfica da língua.

Memória de trabalho

A memória de trabalho é um sistema de memória de curto prazo, que está envolvido no processamento temporário e na estocagem de informações. Caracteriza-se por ter a capacidade limitada, encarregada de armazenar brevemente as informações em um código fonológico, como definem Baddeley e Hitch (1974). Segundo esses autores, cujo modelo se mostrou mais influente nos últimos anos, a memória de trabalho pode ser dividida em quatro subsistemas.

- *Executivo central* – regulação do fluxo de informações, processando e armazenando-as; alimentação da entrada de informações para alça fonológica e paravisual-espacial.
- *Alça fonológica* – processa as informações verbalmente codificadas. Possui dois componentes: o armazenamento fonológico, que transforma o material verbal em código fonológico, e o processo de ensaio, que resgata as representações deterioradas no armazenamento fonológico.
- *Alça visual-espacial* – processa e armazena as informações visuais e espaciais.
- *Buffer episódico* (incluído em Baddeley, 2000) – sistema de capacidade limitada, que promove a integração dos subsistemas.

A capacidade de memória de trabalho é determinante para a compreensão de leitura (Seigneuric & Ehrlich, 2005; Swanson, 1999; Swanson & Alexander, 1997). Inicialmente, precisamos memorizar os segmentos sonoros lidos para dar sentido a uma frase; estocar o significado de cada uma das frases, até entender um parágrafo; e guardar o significado dos parágrafos para a compreensão geral do texto. Cabe ressaltar aqui que a primeira etapa é requisito para que as demais ocorram com eficácia.

É a alça fonológica que assegura a estocagem da informação fonológica a curto termo e inclui um processo de repetição subvocal que permite a recodificação da informação fonológica (como imagem ou palavra escrita) e uma forma fonológica, além da manutenção da ativação das representações fonológicas no sistema de estocagem (Pross, Gaonac'h & Gaux, 2008). Isso justifica a importância dessa habilidade no processo de decodificação.

Fortes são as correlações demonstradas em estudos entre déficits da memória de trabalho e da leitura, evidenciando o papel da habilidade para as tarefas básicas de leitura (Savage, Lavers & Pillay, 2007; Seigneuric & Ehrlich, 2005; Oakhill, Cain & Yuill, 1998; Cain, Bryant & Oakhill, 2004; Gathercole, Alloway, Wilis & Adams, 2006). Uma suposição para a origem desses prejuízos seria o resultado de algum problema, provavelmente do executivo central, que afetaria a transferência de informações para a alça fonológica (Holligan & Johnston,1988). Uma sugestão na mesma linha seria que a alteração da memória fonológica de trabalho resultaria em falta ou alteração da representação fonológica (Anthony et al., 2007).

Nomeação automatizada rápida

A nomeação automatizada rápida (*Rapid Automatized Naming – RAN*) é a velocidade para acessar e recuperar atividades verbais na nomeação contínua de estímulos visuais (Denckla & Rudel, 1976). O tempo medido é o de latência da resposta verbal, ou seja, de quanto tempo o indivíduo necessita para, a partir do processamento visual, resgatar as informações fonológicas da memória de longo prazo para a nomeação de símbolo gráfico (Denckla & Rudel, 1976). Simplificando, poderíamos imaginar como informações gráficas se transformariam em verbais, em dada sequência e velocidade, o que é exigido na decodificação da leitura.

A nomeação rápida pode ser entendida como parte da velocidade de processamento da informação. Os pesquisadores da área são unânimes em afirmar que a nomeação rápida possui relação com a leitura, principalmente em habilidades de decodificação, fluência e compreensão (Wolf & Bowers, 1999).

Ainda segundo Wolf e Bowers (1999), as habilidades necessárias para a nomeação rápida envolvem: atenção ao estímulo, processos visuais responsáveis pela discriminação, identificação da letra e seu padrão, integração de características visuais e informação de padrão visual com estocagem de representações ortográficas, integração de informação visual com representações fonológicas estocadas, acesso e recuperação fonológica, ativação e integração da informação semântica e conceitual e ativação motora para a articulação.

Nomeação automatizada rápida é analisada como forte preditor para o sucesso nas tarefas de leitura e soletração. Alguns autores focam nas tarefas alfanuméricas (Savage, Pillay & Melidona, 2008), enquanto outros relatam que tal correlação se estende a todos os tipos de estímulos.

Existem origens comuns para a nomeação rápida e o automatismo da leitura, apoiando a ideia de que ambos estão associados ao processamento fonológico (Swan & Goswami, 1997). A capacidade prejudicada para estabilizar representações fonológicas, acessá-las e recuperá-las seria a causa de dificuldades para ler e nomear (Stivanin & Scheuer, 2007).

Uma forte relação entre dificuldade de leitura e a velocidade de resposta a estímulos visuais é referenciada na literatura (Denckla & Rudel, 1976; Badian, 1995; Meyer et al. 1998). Déficits na nomeação automatizada rápida são apresentados por crianças com dificuldade de leitura, já que elas tendem a apresentar um processo lento de decodificação de letras em palavras, o que não permite a associação entre letras e prejudica o desenvolvimento de representações ortográficas (Zeffiro & Eden, 2000).

Contribuição para um modelo simples de leitura

Em termos psicológicos, a leitura é uma habilidade cognitiva complexa, implicando a integração de diversos saberes e competências por parte do leitor. O modelo simples de leitura oferece, de forma pragmática, um modo eficiente de iniciar a avaliação da habilidade de leitura de crianças, quer para fins de pesquisa, quer para a prática psicopedagógica.

Nos anos iniciais do aprendizado escolar da linguagem escrita, observa-se uma contribuição bastante expressiva da habilidade de decodificação para a compreensão leitora da criança. A palavra decodificação, em seu sentido mais usual, significa a mudança de um código a outro. Entretanto, a habilidade de decodificar é empregada também com um sentido mais complexo, como as operações de conversão grafofonêmicas necessárias para interpretar o significado de uma palavra ou uma sentença em determinado sistema linguístico entendido como um sistema simbólico.

Nossa intenção, neste capítulo, é mostrar que o desenvolvimento da precisão da leitura pela criança não é uma operação cognitiva trivial. Para tal, iremos examinar o papel desta habilidade no início do ensino fundamental, descrevendo os correlatos linguístico-cognitivos do desempenho em leitura em crianças do segundo ano do ensino fundamental que passaram no ano precedente pela mesma proposta de alfabetização.

As avaliações foram realizadas individualmente no início do ano letivo. A compreensão leitora foi avaliada a partir das respostas a quatro perguntas eliciadoras feitas oralmente, sem limite de tempo para resposta, do texto narrativo "O acidente" (Cocco & Hailer, 1995), composto por 196 palavras. A fim de investigar a precisão da leitura, foi utilizada uma lista de palavras (Pinheiro, 1994, adaptação de Capovilla & Capovilla, 2000); para a investigação das habilidades metalinguísticas e cognitivas, foram utilizados os protocolos de consciência fonológica (Cielo, 2001), destacando consciência silábica (síntese, segmentação, identificação, inversão) e consciência fonêmica (síntese, segmentação, identificação, inversão, manipulação, transposição), da memória de trabalho para dígitos – ITPA (Bogossian, 1977) e da nomeação automatizada rápida (Ferreira e col., 2003). Esta última dividiu-se, para a análise, em dois grupos: figurativo, envolvendo a nomeação de objetos e cores; e alfanumérico, tendo as letras e os números como estímulos.

Na Tabela 1, é possível verificar as intercorrelações (Pearson) entre as diferentes habilidades linguístico-cognitivas relacionadas ao processamento fonológico e destas com a compreensão leitora e a precisão de leitura (decodificação). Vê-se que a memória de trabalho não se correlacionou de forma significativa com o desempenho em compreensão leitora das crianças entrevistadas.

Tabela 1. Intercorrelações, média (M) e desvio-padrão (DP) entre as diversas habilidades linguístico-cognitivas.

	Precisão de leitura	RAN figurativo	RAN alfa-numérico	Memória de trabalho	Consciência silábica	Consciência fonêmica	M	DP
Compreensão leitora	,706**	-,602**	-,472**	0,208	,439**	,410**	,74	,29
Precisão de leitura		-,562**	-,556**	,345*	,476**	,438**	,89	,16
RAN figurativo			,807**	-0,267	-,462**	-,346*	128,93	29,22
RAN alfanumérico				-0,265	-,427**	-,410**	75,33	17,03
Memória de trabalho					0,277	0,223	,74	,17
Consciência silábica						,505**	,85	,10
Consciência fonêmica							,41	,26

Observando a Tabela 1, vê-se que a compreensão leitora está significativamente correlacionada à precisão de leitura, à nomeação automatizada rápida (tanto para os itens alfanuméricos quanto para os itens figurativos) e ambas as tarefas de consciência fonológica. Tais correlações foram estabelecidas para os pares de habilidades – compreensão leitora e precisão de leitura, compreensão leitora e nomeação automatizada rápida, e assim por diante. No entanto, as diferentes habilidades linguístico-cognitivas guardam certa relação entre si e, desta forma, possuem variabilidade em comum. Nesse caso, as habilidades linguístico-cognitivas foram tomadas em conjunto de forma a estabelecer quais habilidades melhor contribuiriam para o entendimento do desempenho das crianças em compreensão leitora. Para tal, foi realizada uma análise de regressão múltipla com todas as variáveis que se correlacionaram significativamente com a compreensão leitora.

As duas habilidades que mais contribuíram para explicar o desempenho das crianças em compreensão leitora foram a precisão de leitura (decodificação) e a nomeação automatizada rápida de itens figurativos (Constant = .23, R2 = .56, R2 ajustado = .54, R = .75, F (2,42) = 26,68, p < .01). Estas habilidades juntas contribuíram para entender 54% da variabilidade observada no desempenho das crianças, sendo que apenas a precisão de leitura contribui para a explicação de 49% das diferenças observadas entre as crianças na compreensão leitora (R2 ajustado; t = 4,34, $p < .01$).

Figura 1. Diagrama para a compreensão leitora

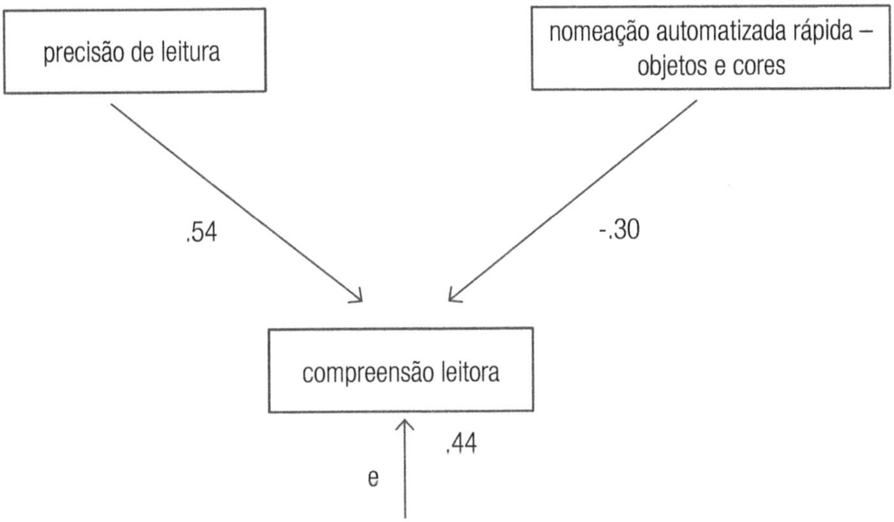

Examinamos, então, a contribuição indireta das habilidades de consciência fonológica e nomeação automatizada rápida para a leitura por meio da relação que estabeleceriam com a precisão de leitura. Foi realizada uma série de análises de regressão, a partir das quais foi gerado o diagrama a seguir, incluindo apenas fatores cuja correlação com a precisão de leitura alcançou significância estatística ($p < .05$).

O diagrama a seguir descreve a contribuição da precisão de leitura e das habilidades linguístico-cognitivas a ela relacionadas para a compreensão leitora em crianças no início do segundo ano do ensino fundamental. Destacamos, do modelo simples de leitura, a decodificação, examinando o impacto que o domínio do sistema de escrita e seus correlatos linguístico-cognitivos, no que se refere ao processamento fonológico, teriam para a compreensão leitora.

Figura 2. Diagrama para a compreensão leitora e a precisão de leitura

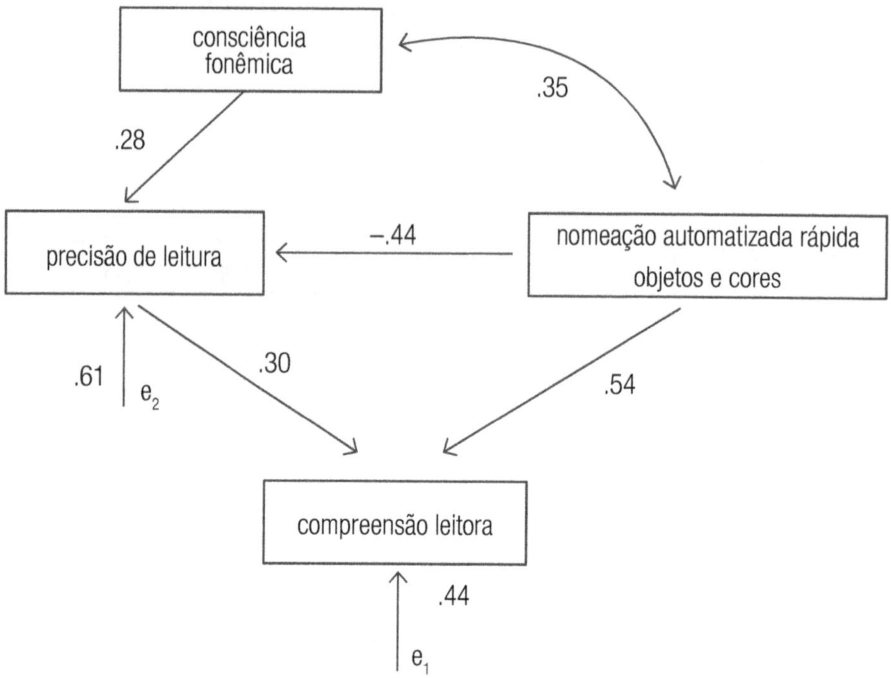

Pelo diagrama acima, após o primeiro ano do ensino fundamental, a precisão continua com uma influência considerável para a leitura. Quanto melhor a habilidade da criança em converter símbolos escritos e unidades sonoras, mais fácil seria para ela compreender o texto, resultado similar ao obtido por Berninger, Abbott, Vermeulen e Fulton (2006). Nesse ponto da escolaridade, observa-se também que a maior habilidade para a análise fonológica em nível fonêmico influencia o desenvolvimento da precisão da leitura (Constant = 1,15, R2 = .38, R2 ajustado = .35, R = .62, F (2,42) = 13,08, p < .01).

Destaca-se, ainda, o papel da nomeação automatizada rápida de objetos e cores para a precisão de leitura e para a compreensão leitora. Isso indica que, nesse ponto da escolaridade, a velocidade com que a criança aciona seu léxico mental é importante para que ela produza sentido a partir do que lê.

É importante observar que o diagrama proposto descreve a relação entre determinadas habilidades linguístico-cognitivas de crianças cuja trajetória escolar incluía um ano de aprendizado escolar sistemático sobre o sistema de escrita. Como diferentes momentos no aprendizado da escrita requerem habilidades linguístico-cognitivas diversas, o diagrama anterior poderia ser diferente em função do momento da trajetória escolar das crianças: se durante a alfabetização, no início do terceiro ou quarto ano do ensino fundamental, por exemplo.

Vale também destacar que o diagrama delineado refere-se a um contexto de avaliação do desempenho da compreensão leitora em que a criança não tinha tempo especificado para ler o texto e responder às perguntas que se apresentavam. No entanto, em grande parte dos contextos sociocomunicativos em que a compreensão leitora se faz necessária, e particularmente em sala de aula, tal tempo é limitado pelas exigências impostas pela própria situação. Dessa forma, a contribuição das diferentes habilidades linguístico-cognitivas relacionadas ao processamento fonológico podem variar, e o diagrama deve ser refeito considerando a ênfase que o tempo disponível para a realização da tarefa traria, em termos de processamento cognitivo.

Considerações finais

Leitura só pode ser entendida como envolvendo ambas as habilidades de decodificação e de compreensão. O modelo simples de leitura põe em evidência a importância de tais habilidades para a leitura e a natureza da relação entre elas. O presente capítulo se propôs a reexaminar tal modelo, buscando detalhar mais as habilidades linguístico-cognitivas envolvidas na compreensão de leitores principiantes, pontuando o papel da decodificação no início do processo.

Selecionamos para a análise, além da compreensão leitora e da precisão de leitura, as habilidades de processamento fonológico: nomeação automatizada rápida, memória de trabalho e consciência fonológica. As duas habilidades que se destacaram para explicar o desempenho em compreensão leitora de crianças do segundo ano do ensino fundamental foram a precisão de leitura e os itens figurativos da nomeação automatizada rápida. Apenas a precisão da leitura explicou 49% das diferenças observadas entre as crianças em leitura.

Observamos que, entre essas crianças, a decodificação foi uma habilidade bastante relevante para a compreensão leitora após um ano de ensino formal. No entanto, no decorrer da escolaridade, a relevância da decodificação para a leitura tende a diminuir. Isso não ocorre porque as habilidades relacionadas à decodificação sejam desnecessárias à leitura, mas por serem insuficientes para as demandas cognitivas impostas pela complexidade crescente dos textos escritos.

Com o domínio do sistema de escrita e a experiência de leitura, a decodificação se torna, então, um processo automatizado, de forma que as habilidades mais complexas de compreensão entram em jogo sem concorrer, em termos de demanda cognitiva, com a habilidade de decodificar. Em contraste, nos anos iniciais de escolaridade são observadas diferenças consideráveis no domínio do sistema de escrita e no desenvolvimento das habilidades relacionadas ao aprendizado da linguagem escrita. Nessa fase, então, a decodificação teria um peso maior para entender a diferença no desempenho em leitura das crianças.

Essa diferença entre as diversas etapas do sistema da escrita tem um impacto considerável no desenvolvimento das habilidades linguístico-cognitivas das crianças. Cada fase suscitaria uma nova organização dessas habilidades e um novo desenho de suas implicações para a leitura. Deste modo, podemos lançar mão, tanto na educação quanto na clínica, de estratégias diversas em busca do desenvolvimento da compreensão textual, considerando a fase do aprendizado do sistema de escrita em que a criança se encontra e as habilidades linguístico-cognitivas a ela relacionadas.

Agradecimentos

À Faperj (Edital Cientistas de Nosso Estado) e ao CNPq, pelos auxílios concedidos aos projetos de pesquisa que concorreram para a escrita deste capítulo. Às crianças, que, com a participação nestes vários projetos, generosamente nos ensinaram sobre seu aprendizado.

Referências bibliográficas

Anthony, J. L., Williams, J. M., Mc Donald, R., & Francis, D. J. (2007). Phonological Processing and Emergent Literacy in Younger and Older Preschool Children. *Annals of Dyslexia*, 113-37.

Baddeley, A. D., & Hitch, G. (1974). Working Memory. In G. H. Bower (Org.). The Psychology of Learning And Motivation: Advances in Research and Theory (pp. 47-89). Nova York: Academic Press.

Baddeley, A. D. (2000). The Episodic Buffer: A New Component of Working Memory? *Trends in Cognitive Science*, 4, 417-23.

Badian, N. A. (1995). Predicting Reading Ability Over the Long Term: The Changing Roles of Letter Naming, Phonological Awareness and Orthographic Processing. *Annals of Dyslexia*, 45, 79-96.

Berninger, V., Abbott, R., Vermeulen, K., & Fulton, C. (2006). Paths to Reading Comprehension in At-Risk Second-Grade Readers. *Journal of Learning Disabilities*, 39, 4, jul.-ago., 334-51.

Berninger, V., Cartwright, A. C., Yates, C. M., Swanson, H. L., & Abbott, R. (1994). Developmental Skills Related to Writing and Reading Acquisition in the Intermediate Grades. *Reading and Writing: An Interdisciplinary Journal*, 6, 161-96.

Bogossian, M. A. D. S., & Santos, M. J. (1977). Adaptação brasileira – Teste Ilinois de habilidades psicolinguísticas. Florianópolis: Tamasa.

Bradley, L., & Bryant, P. (1983). Categorising Sounds and Learning to Read: a Causal Connection. *Nature*, 301, 419-521.

Bryant, P., & Bradley, L. (1985). Children's Reading Problems. Oxford: Basil Blackwell.

Bryant, P., MacLean, M., Bradley, L., & Crossland, J. (1990). Rhyme and Alliteration, Phoneme Detection and Learning to Read. *Developmental Psychology*, 26, 429-38.

Byrne, B., & Fielding-Barnsley, R. (1989). Phonemic Awareness and Letter Knowledge in the Child's Acquisitions of the Alphabetic Principle. *Journal of Educational Psychology*, 80, 313-21.

Cain, K.; Bryant, P., & Oakhill J. (2004). Children's Reading Comprehension Ability: Concurrent Prediction by Working Memory, Verbal Ability, and Component Skills. *Journal of Educational Psychology*. 96, 31-42.

Capovilla, A. G. S., & Capovilla, F. C. (2000). Problemas de leitura e escrita: como identificar, prevenir e remediar numa abordagem fônica. São Paulo: Memnon.

Caravolas, M. (1993). Language-specific Influences of Phonology and Orthography on Emergent Literacy. In J. Altarriba (Org.). Cognition and Culture: A Cross-Cultural Approach to Cognitive Psychology (pp.177--205). North-Holland: Elsevier Science Publishers.

Carver, R. P. (1998). Predicting Reading Level in Grades 1 to 6 From Listening Level and Decoding Level: Testing Theory Relevant to the Simple View of Reading. *Reading and Writing: An Interdisciplinary Journal*, 10, 121-54.

Cielo, C.A. (2001). Habilidades de consciência fonológica em crianças de 4 a 8 anos de idade. Tese de Doutorado. Faculdade de Letras. Porto Alegre: PUC-RS, 133 p.

Cocco, M. F., & Hailer, M. A. (1995). ALP 1: análise, linguagem e pensamento: um trabalho de linguagem numa proposta socioconstrutivista. São Paulo: FTD.

Correa, J., & MacLean, M. (1999). Aprendendo a ler e a escrever: a narrativa das crianças sobre a alfabetização. *Psicologia: Reflexão e Crítica*, 12, 273-86.

Denckla, M. B., & Rudel, R. G. (1974). Rapid automatized Naming of Pictured Objects, Colors, Letters and Numbers by Normal Children. Cortex, 10, 186-202.

Denckla, M. B., & Rudel, R. G. (1976). Rapid "Automatized" Naming (R.A.N.): Dyslexia Differentiated From Other Learning Disabilities, *Neuropsychologia*, 14, 471-9.

Dreyer, L. G., & Katz, L. (1992). An Examination of "The Simple View of Reading". In C. K. Kinzer & D. J. Leu (Orgs.). *Literacy Research, Theory, and Practice: Views From Many Perspectives* (pp. 169-75). Washington, DC: The National Reading Conference.

Ferreira, T. L., Capellini, S. A., Ciasca, S. M., & Tonelotto, J. M. F. (2003). Desempenho de escolares leitores proficientes no teste de nomeação automatizada rápida – RAN. *Temas sobre Desenvolvimento*, 12, 26-32.

Floyd, R., Gregg, N., & Keith, T. (2004). Explaining Reading Comprehension Across Childhood, Adolescence, and Early Adulthood is Somewhat Simple. Paper presented at the annual meeting of the American Educational Research Association. San Diego, CA. Disponível em http://www.woodcock-munoz-foundation.org. Acesso em 16 abr. 2010.

Freire, P. (1989). A importância do ato de ler: em três artigos que se completam. São Paulo: Cortez.

Gathercole S., Alloway T., Wilis C., & Adams, A. (2006). Working Memory in Children With Reading Disabilities. *Journal of Experimental Child Psychology*, 93, 265-81.

Gombert, J. (1992). Metalinguistic Development. Londres: Harvester-Wheatsheaf.

Goswami, U., & Bryant, P. (1990). Phonological Skills and Learning to Read. Londres: Lawrence Erlbaum Associates.

Gough, P. B., Larson, K., & Yopp, H. (1995). A estrutura da consciência fonológica. In C. Cardoso-Martins (Org.). Consciência fonológica e alfabetização (pp. 13-35). Petrópolis: Vozes.

Gough, P. B., & Tunmer, W. E. (1986). Decoding, Reading, and Reading Disability. *Remedial and Special Education*, 7, 6-10.

Gough, P. B., Hoover, W. A., & Peterson, C. L. (1996). Some Observations on a Simple View of Reading. In C. Cornoldi & J. Oakhill (Orgs.). Reading Comprehension Difficulties: Processes and Intervention (pp. 1-13). Mahwah, NJ: Lawrence Erlbaum Associates.

Graham, S. (2000). Should the Natural Learning Approach Replace Spelling Instruction? *Journal of Educational Psychology*, 92, 235-47.

Gregg, N., & Mather, N. (2002). School is Fun at Recess: Informal Analyses of Written Language For Students With Learning Disabilities. *Journal of Learning Disabilities*, 35, 7-22.

Harn, B., Stoolmiller, M., & Chard, D. (2008). Measuring the dimensions of Alphabetic Principle on the Reading Development of First Graders: The Role of Automaticity and Unitization. *Journal of Learning Disabilities*, 41, 143-57.

Holligan, C., & Johnston, R. S. (1988). The Use of Phonological Information by Good and Poor Readers in Memory and Reading Tasks. *Memory & Cognition*, 16, 522-32.

Hoover, W. A., & Gough, P. B. (1990). The Simple View of Reading. *Reading and Writing: An Interdisciplinary Journal*, 2, 127-60.

Joshi, R. M., & Aaron, P. G. (2000). The Component Model of Reading: Simple View of Reading Made a Little More Complex. *Reading Psychology*, 21, 85-97.

Joshi, R. M., Williams, K. A., & Wood, J. R. (1998). Predicting Reading Comprehension From Listening Comprehension: is This the Answer to the IQ Debate? In C. Hulme & R. M. Joshi (Orgs.). Reading and Spelling: Development and Disorders (pp. 319-27). Mahwah, NJ: Lawrence Erlbaum Associates.

Koch, I. V., & Elias, V. M. (2006). Ler e compreender: os sentidos do texto. São Paulo: Contexto.

Lee, L., & Wheldall, K. (2009). An Examination of the Simple View of Reading Among Beginning Readers in Malay. *Reading Psychology*, 30(3), 250-64.

Lyon, G. R. (1998).Why Reading is not a Natural Process. *Educational Leadership*. 55(6), 14-8.

Marcuschi, L. A. (2008). Produção textual, análise de gêneros e compreensão. São Paulo: Parábola Editorial.

Meyer, M. S., Wood, F. B., Hart, L. A., & Felton, R. H. (1998). Selective Predictive Value of Rapid Automatized Naming Within Poor Readers. *Journal of Learning Disabilities*, 31, 106-17.

Morais, J. (1987). Phonetic Awareness and Reading Acquisition. *Psychological Research*, 49, 147-52.

Morais, J., Cary, L., Alegria, J., & Bertelson, P. (1979). Does Awareness of Speech as a Sequence of Phones Arise Spontaneously? *Cognition*, 7, 323-31.

Mousinho, R., & Correa, J. (2009). Habilidades linguístico-cognitivas em leitores e não leitores. Pró-Fono R. Atual. Cient., 21, 13-118.

Mousinho, R., Mesquita, F., Leal, J., & Pinheiro, L. (2009). Compreensão, velocidade, fluência, e precisão de leitura no segundo ano do ensino. *Revista de Psicopedagogia*, 79, 48-54.

Nicolaiewsky, C. A. & Correa, J. (2008). Escrita ortográfica e revisão de texto em braile: uma história de reconstrução de paradigmas sobre o aprender. *Cedes*, 28(75), 229-244.

Oakhill, J., & Garnham, A. (1988). *Becoming a Skilled Reader*. Oxford: Basil Blackwell.

Oakhill, J.; Cain, K. & Yuill, N. (1998). Individual differences in children's comprehension skill: toward an integrated model. In C. Hulme & R. M. Joshi (Eds.). *Reading and spelling: development and disorders* (pp. 343- 367). Mahwah: Lawrence Erlbaum Associates.

Perfetti, C A. (1977). Language comprehension and fast decoding: some psycholinguistic prerequisites for skilled reading comprehension. In J. T. Guthrie (Ed.) *Cognition, curriculum and comprehension* (pp. 20-41). Newark: International Reading Association.

Perfetti, C. A; Beck, I.; Bell, L. & Hughes, C. (1987). Phonemic knowledge and learning to read are reciprocal: a longitudinal study of first grade children. *Merrill-Palmer Quarterly*, 33(3), 283-319.

Pross, N.; Gaonac'h, D. & Gaux, C. (2008). Développement de la mémoire de travail: relations du centre exécutif avec la boucle phonologique et le calepin visuospatial chez des enfants de CE1 et de CM2. P*sychologie Française*, 53, 307-326.

Savage, R. & Lavers, N. & Pillay, V. (2007). Working memory and reading difficulties: what we know and what we don't know about the relationship. *Educ. Psychol. Rev.*, 19, 185-221.

Savage, R. (2001). The 'simple view' of reading: some evidence and possible implications. *Educational Psychology in Practice*, 17(1), 17-33.

Savage, R.; Pillay, V. & Melidona, S. (2008). Rapid serial naming is a unique predictorof spelling in children. *Journal of Learning Disabilities*, 41(3), 235-250.

Seigneuric, A. & Ehrlich, M. (2005). Contribution of working memory capacity to children's reading comprehension: a longitudinal investigation. *Reading and Writing*,18, 617-656.

Seigneuric, A. & Ehrlich, M. (2005). Contribution of working memory capacity to children's reading comprehension: a longitudinal investigation. *Reading and Writing*,18, 617-656.

Soares, M. (2004). *Alfabetização e letramento*. São Paulo: Contexto.

Stivanin, L. & Scheuer, C. (2007). Tempo de latência e características da nomeação de figuras de crianças com transtorno da leitura. *Rev. Bras. Ed. Esp.*, 13(2), 189-204.

Swan, D. & Goswami, U. (1997). Picture naming deficits in developmental dyslexia: the phonological representations hypothesis. *Brain and Language*, 6, 334-353.

Swanson H. L., & Alexander J. E. (1997). Cognitive Processes as Predictors of Word Recognition and Reading Comprehension in Learning-Disabled and Skilled Readers: Revisiting the Specificity Hypothesis. *Journal of Eduactional Psychology*, 89(1),128-58.

Swanson H. L. (1999). Reading Comprehension and Working Memory in Learning-Disabled Readers: Is the Phonological Loop More Important Than the Executive System? *Journal of Experimental Child Psychology*, 72, 1-31.

Wagner, R. K. & Torgesen, J. K. (1987). The nature of phonological processing and its causal role in the acquisition of reading skills. *Psychological Bulletin*, 101, 192-212.

Wolf, M. & Bowers, P. (1999). The "double-deficit hypothesis" for the developmental dyslexias. *Journal of Educational Psychology*, 91, 1-24.

Yopp, H. (1988). The validity of phonemic awareness tests. *Reading Research Quarterly*, 23, 159-177.

Zeffiro, T. A. & Eden, G. F. (2000). Center stage for NGF in peripheral (but not central) sensory neuron outgrowth. *Neuron*, 25, 257-259.

Capítulo 4

Leitura e compreensão: contribuições da psicologia cognitiva e da teoria do processamento da informação[1]

Maria Aparecida Mezzalira Gomes e Evely Boruchovitch
Universidade Estadual de Campinas

Introdução

Falar, ler e escrever são atividades linguísticas que pressupõem a interatividade. No caso específico da leitura, determinado sujeito-autor produz um texto oral ou escrito, com objetivos e intenções – explicitados ou não –, e o dirige a alguém ou a determinado público ou até mesmo a si próprio.

Em algum momento, esse texto, literário ou não, poderá ser lido, e o sujeito-leitor será o interlocutor de quem o escreveu, ainda que distante no tempo e no espaço. O leitor, como sujeito dessa interação linguística, também é movido por objetivos e intenções.

Quais podem ser os propósitos desse "ato de ler"? Quais são os fatores que entram em jogo nessa situação de interação que se estabelece durante a leitura e que culmina na constituição de um sentido, ou seja,

[1] As autoras agradecem o apoio do CNPq.

na compreensão? Compreender um texto envolve atribuir significados, criar uma rede de relações entre os enunciados, integrando as informações neles contidas e as partes que o compõem, fazer inferências, reconhecer e selecionar informações relevantes; organizá-las mentalmente construindo ou reconstruindo conhecimentos. Para isso, o leitor precisa acionar seus conhecimentos de mundo e também os conhecimentos linguísticos que acumulou ao longo de sua história como ouvinte/falante e leitor da língua (Brown, 1992; Guthrie et al., 2004; Smith,1999).

Neste sentido, a leitura é uma atividade cognitiva, linguística e também social, visto que tanto o autor quanto o leitor pertencem a populações com suas visões de mundo e representações sociais. E, conforme já foi mencionado, os conhecimentos e as vivências anteriores são elementos fundamentais no processo de compreensão.

As práticas educativas e de ensino escolar adotam como fundamento os conhecimentos das ciências humanas, entre os quais a psicologia, a linguística e a sociologia. Em uma visão coerente com a sociolinguística, deve-se combater o preconceito linguístico, trabalhar o universo dos diferentes níveis de linguagem e de contextos e situações em que se fazem presentes as atividades linguísticas, além de manter o objetivo de capacitar o aluno a conhecer e utilizar com fluência a norma padrão. Os pesquisadores apontam as significativas vantagens dos alunos cuja linguagem oral é mais próxima da norma culta e daqueles que trazem de casa a familiaridade com a leitura (Lahire, 2004).

Conhecer e refletir sobre os objetivos e fundamentos da educação, do ensino da língua na escola e, de modo específico, da compreensão em leitura é importante para psicólogos, psicopedagogos e educadores. Um bom ponto de partida é admitir que ler é uma atividade complexa e multidimensional que envolve raciocínio, propósitos, intenções (Vaz, 1998).

Em consonância, o objetivo deste capítulo é fazer uma revisão das contribuições recentes da psicologia cognitiva ao tema da compreensão leitora. Dar-se-á destaque aos aportes da teoria do processamento da informação, sobretudo no que diz respeito às estratégias cognitivas e metacognitivas para a aprendizagem autorregulada e à compreensão autorregulada em leitura. Considerações para a prática pedagógica serão tecidas.

Em uma perspectiva cognitivista a compreensão é um nexo entre sentido e interpretação. Os leitores atribuem sentidos às palavras e às proposições a partir do contexto da leitura e do texto e o interpretam com base em seu conhecimento prévio. Assim como as palavras têm um espectro amplo de significados, também o texto apresenta um leque de possibilidades de interpretação. A leitura é, portanto, um processo duplamente interativo: o texto modifica o conhecimento do leitor, que altera o sentido atribuído ao texto e o interpreta, o que por sua vez modifica novamente o conhecimento do leitor (Hacker, 1998). A compreensão leitora se forma, pois, a partir das experiências acumuladas em outras situações de leitura e nas informações armazenadas, organizadas e elaboradas na mente e que são ativadas na medida em que o leitor decodifica as palavras, compreende as frases, os parágrafos e as ideias do autor. Em outras palavras, é preciso que o leitor apreenda, a partir do texto, a forma como o autor estruturou a escrita das ideias, para relacioná-las a outras, armazenadas em sua mente. Quando se pretende trabalhar com o desenvolvimento da compreensão leitora, é útil e necessário estudar o processamento cognitivo durante o ato de ler (Kleiman, 2007).

O processamento da leitura: alguns fundamentos

Sem dúvida, é necessário que os estímulos gráficos e suas correspondências fonológicas cheguem ao cérebro. No entanto, essa informação visual-auditiva não é suficiente para a compreensão. Mais que o estímulo sensorial, a decodificação/codificação das informações recebidas, a compreensão do que se lê, depende do significado que a elas possa ser atribuído. Leitores fluentes utilizam as informações sensoriais e não sensoriais enquanto leem e não tentam, de imediato, memorizá-las. Isto é, além da decodificação, procuram ativar seus conhecimentos anteriormente adquiridos para construir um sentido durante a leitura. Isso favorece a mobilização e a direção, pelo leitor, de processos cognitivos complexos, tais como prever e inferir. Graças a esses recursos, podem imprimir velocidade à leitura, contornando estrategicamente as limitações da memória sensorial no processamento da leitura (Brown, 1992; Smith, 1999). São os objetivos, as expectativas do sujeito, o raciocínio, entre outros fatores, que determinarão esses significados (Goodman, 1997, 2003).

Mesmo para um leitor experiente, quando confrontado com palavras impressas em um idioma desconhecido e em um texto cujos vocábulos não pertençam ao campo semântico que domina, ou ainda diante de um conjunto de pseudopalavras aleatoriamente agrupadas, pode haver decodificação e soletração, quando já se reconhece as letras e os respectivos sons, mas a compreensão não ocorrerá. Isso acontece porque as informações visuais recebidas não encontram suporte em informações "não visuais", como a bagagem prévia, que se refere ao conhecimento de mundo, do uso social da leitura, do sistema linguístico e de seu funcionamento (Kleiman, 2007; Koch & Elias, 2006).

O que se vê, na realidade, é muito menos do que existe em determinado campo perceptual. A percepção visual é seletiva e envolve um processo cognitivo de decisão. Na leitura, um mesmo símbolo gráfico pode ser interpretado de modo diferente em contextos variados, como é o caso das letras I e O, dos numerais 1 e 0, rodeados por algarismos ou letras: 2OI0 ou D01S. O tempo necessário para essa percepção seletiva depende do número de alternativas possíveis, ou seja, de uma atividade de interpretação. O desafio para a mente que apreende é, portanto, encontrar sentido naquilo que é percebido pela memória sensorial. No caso da leitura, no emaranhado de letras, nas palavras e nas frases que se impõem à visão, o leitor deve compreender o que está lendo, porque ler é construir significado (Kleiman, 1987, 2007). Ao contrário do que parece, o olhar esquadrinha o campo perceptivo, saltando e voltando, nessa tarefa de compreensão. A mente processa, organiza e interpreta o que é apreendido. Devido às limitações da memória sensorial, quanto mais os olhos se fixarem em um ponto, menor é a apreensão do que existe para ver ou ler (Kolić-Vehovec & Bajšanski, 2007; Smith,1999).

Um leitor experiente tem uma velocidade de leitura que parece incompatível com essas limitações. Isso ocorre habitualmente porque o sistema alfabético é econômico: as letras são combinadas para formar palavras que, por sua vez, se organizam para formar frases, multiplicando a capacidade de apreensão de dados a cada olhar. Destaca-se, novamente, a importância das informações não visuais, preexistentes na estrutura cognitiva. É mais fácil completar de modo correto a letra que falta em uma palavra conhecida, como *jardi_*, que em uma desconhecida ou em uma pseudopalavra, como por exemplo em *_rupe* e *x_cre*. O conhecimento linguístico prévio do leitor lhe permitirá reduzir o número de alternativas para o preenchimento das lacunas, facilitando a tarefa. Esse é o princípio subjacente aos testes *Cloze*, de compreensão da leitura.

Todos os leitores dispõem desses conhecimentos, mesmo que não tenham consciência disso, e fazem uso automático deles, como ao decidir entre as sequências possíveis das letras em uma sílaba ou uma palavra ou entre as relações sintagmáticas e paradigmáticas entre as palavras próximas. Os chamados testes de detecção de inconsistências, para avaliar a compreensão, fazem uso desse princípio. De acordo com Scaramucci (1997), os conhecimentos mais elementares, entre os quais os fonológicos, os ortográficos, os lexicais e os semânticos, deverão ser considerados de forma dinâmica e integrados aos aspectos psicolinguísticos, sociolinguísticos, pragmáticos e discursivos. A autora salienta que, ao lado dos aspectos quantitativos (extensão/*size*), devem ser considerados os qualitativos (profundidade/*depth*).

Por outro lado, a amplitude do campo perceptivo é sempre a mesma; por isso, a fluência em leitura depende de quanto de informação visual o leitor necessita ou quanto é possível descartar. Quanto mais dependente dessa informação, mais o sujeito corre o risco de congestionar a memória sensorial e dificultar o processamento da leitura. Isso acontece mais frequentemente na etapa da apreensão de dados; porém, superadas as dificuldades que podem emergir, entra em jogo o segundo componente mental envolvido no processamento da informação visual recebida. Trata-se da memória de curta duração (MCD), também denominada memória operacional ou memória de trabalho, para dar mais ênfase às operações que ela realiza a partir da informação recebida. Ela é responsável pelo armazenamento de curto prazo. A memória de trabalho contém um componente passivo, de armazenamento, e outro ativo, de processamento. Ambos são coordenados pelo executivo central, que acionará a atenção com base na alça fonológica ou visual-espacial

(Baddeley, 2006; Bzuneck, 2004). Pode-se dizer que esta é uma memória funcional, necessariamente temporária, porque as operações cognitivas são constantes, mesmo quando não se tem consciência disso. A capacidade da MCD é imediata, limitada em média a sete itens e requer atenção. Se o foco de interesse muda, acontece o esquecimento e outros dados serão processados. Smith (1999) explica que, durante a leitura, o leitor divide sua atenção entre o lido e a atividade mais ampla da compreensão (objetivos da leitura, construção de sentidos). Prestar atenção em um detalhe pode congestionar a MCD, ou seja, a compreensão fica comprometida se houver preocupação com palavras individualmente ou o medo e a ansiedade em memorizar informações.

O leitor não se preocupa com as letras quando as palavras e as frases forem significativas. Ler sem sentido é impossível, em uma concepção de leitura como atividade cognitiva complexa, não puramente perceptiva. Para ampliar a capacidade da memória de trabalho, os leitores experientes organizam itens isolados em unidades de significados (*chunking* ou "pedaços de escuta"), que podem ser letras agrupadas para compor palavras ou agrupamento de palavras para compor frases, agilizando a leitura.

Um efeito indesejado, da insistência no reconhecimento de detalhes, é criar um impedimento à passagem da MCD para a memória de longa duração (MLD), o que exige de quatro a cinco segundos de concentração para cada item ou *chunk*. De fato, qualquer esforço de atentar para a grafia das palavras, tal como examinar letras e/ou sílabas isoladamente e memorizar tudo o que é lido em detrimento da informação não visual, que é importante para a construção dos significados, compromete o êxito na compreensão leitora.

A memória sensorial e a MCD retêm um número limitado de elementos e apenas brevemente. As informações que chegam à memória de longo prazo, porém, podem aí permanecer quase que indefinidamente. De fato, a capacidade da MLD é praticamente ilimitada quanto ao volume e à duração de armazenamento, embora o esquecimento seja real, isto é, poderá haver declínio ou interferências em sua recuperação (Baddeley, 2006; Bzuneck, 2004). Os conhecimentos armazenados podem ser semânticos, categoriais – que incluem o léxico da língua – ou episódicos e experienciais, mais amplos e generalizáveis, entre os quais se situam os modelos. Podem ser mais estáticos, como os conhecimentos declarativos; ou dinâmicos, condicionais, procedurais, envolvendo capacidades perceptivo-cognitivas e cognitivo-motrizes (Koch & Elias, 2006).

A teoria de Schema, de acordo com Guterman (2003), tenta explicar como o conhecimento é organizado e representado na mente e como essa representação facilita seu uso para produzir novos conhecimentos. Os conhecimentos adquiridos pelo processamento são acumulados em unidades chamadas *schemata*, pacotes de conhecimento que incluem o que a pessoa sabe sobre um conceito, uma matéria ou um assunto e como são relacionados os tipos de informação àquele conceito ou conteúdo. Incluem também como esse conhecimento será usado. Durante a leitura, permite aos leitores inferir sobre o que aconteceu ou é provável acontecer no texto, ajudando-os a preencher lacunas e elaborar o material. A elaboração, como atividade cognitiva, envolve especulação, julgamento e avaliação. Os *schemata* constituem blocos de cognição e formam um mapa cognitivo do mundo, representando de forma abstrata uma estrutura de conhecimento e redes elaboradas de conceitos, habilidades e procedimentos que são utilizados para a construção dos sentidos de novas informações, eventos e situações. De acordo com a teoria de *Schema*, a compreensão é o uso de conhecimento anterior para criar um novo. Sem o conhecimento anterior (que deve ser ativado, para ser útil), o texto não faria sentido para o leitor. Quanto mais conhecimento um leitor levar a um texto, maior será a probabilidade de ocorrer a compreensão. A ativação do conhecimento anterior apropriado não é apenas útil, é fundamental.

A teoria do processamento de informação considera, portanto, que a mente humana é muito poderosa. Paradoxalmente, é uma limitação que permite a eficácia do processo; pois, para agilizar o processamento das informações, o funcionamento cognitivo se utiliza de filtros para reduzir o número de dados processados simultaneamente e o tempo desse processamento. Cada informação recebida pela memória sensorial tem, pois, três destinos possíveis: a manutenção no sistema, por meio da repetição, seu processamento para a MLD ou o descarte (Baddeley, 2006; Bzuneck, 2004).

De acordo com Koch e Elias (2006), quando o alvo é a compreensão, a preocupação com a memorização é irrelevante, porque a constituição dos sentidos surge a partir de conhecimentos de mundo, ou seja, de conteúdos já armazenados na MLD que são ativados para auxiliar o processamento de novos elementos e conteúdos. Entretanto, a compreensão ajuda a memorização, porque compreender requer a organização do que está sendo lido e, quando isso acontece, o processamento flui de forma mais eficaz. Os conteúdos memorizados são atualizáveis, passíveis de complementação e/ou reformulação. Os armazenados na memória semântica, embora sejam resultantes de processos cognitivos individuais, podem ser influenciados por processos sociocognitivos e compartilhados no grupo social (representações sociais).

Segundo Van Dijk e Kintsch (1983), no processamento textual, em situação de escuta ou de leitura, a representação mental do texto é ativada na memória episódica e depende das experiências e dos modelos construídos anteriormente. O procedimento do leitor consiste, então, em buscar referências relativas ao conteúdo do texto que está sendo processado e que se constitui em um modelo episódico ou de situação (Kintsch, 1988, 1994). São considerados três níveis do discurso. No primeiro, são representadas as palavras, bem como as relações sintáticas e semânticas entre elas, e corresponde às estruturas de superfície. No segundo, é representado o significado, em um conjunto de proposições que, ligadas entre si, com base na repetição de seus argumentos, constituem a microestrutura, ou base do texto. Esse nível comporta ainda a macroestrutura, formada por proposições derivadas da microestrutura, pelas regras de supressão, de generalização e de construção. O terceiro nível de representação do discurso é relativo às situações a que ele se refere – modelo de situação. Trata-se de uma representação que não se reporta à estrutura linguística, mas aos aspectos de mundo descritos no texto (Hacker, 1998; Kintsch, 1988, 1994; Koch & Elias, 2006).

Segundo Festas (1998) e Hacker (1998), esse modelo mental construído pelo leitor é testado, no decorrer da leitura, em relação à plausibilidade, à perfeição e à coerência. Quando necessário, e recorrendo a estratégias próximas das utilizadas na resolução de problemas, o leitor vai construindo novos modelos, mais adequados às situações descritas. De fato, o conhecimento da macroestrutura do texto narrativo, por exemplo, permite antecipar características permanentes ou temporárias dos personagens, das situações, das relações entre fatos; e permite, igualmente, prever desfechos ou determinadas situações. O leitor competente, ao ler um texto narrativo, é capaz de perceber contradições entre um personagem e suas ações; entre situações e suas implicações (Collins, 1994). O mesmo se pode dizer sobre outros tipos de textos. Na realidade, o conhecimento de mundo físico e social, por parte do leitor, permite antecipar sentidos e significados para palavras e conceitos, relacionando-as ao contexto (Hacker, 1998).

Compreender um texto consiste, pois, fundamentalmente, em estabelecer relações entre as diferentes ideias nele veiculadas – processo de integração – e na ligação da informação do texto com os conhecimentos anteriores do leitor – processo de construção.

Houve grandes controvérsias, ao longo do século XX, a respeito do processamento da leitura, com alguns autores privilegiando os processos ascendentes (*bottom-up*) de codificação e decodificação, enquanto outros privilegiavam o processamento descendente (*top-down*). O processamento descendente inclui tanto o conteúdo global do texto e sua estrutura como os elementos paratextuais, tais como gravuras e ilustrações. Na verdade, a maioria dos leitores competentes utiliza ambos os processos de forma complementar. As hipóteses de um bom leitor sobre a trama do texto, por exemplo, refletem o uso de informações textuais de nível mais elevado. Por outro lado, tais leitores são bons processadores ascendentes, porque fixam cuidadosamente os olhos na maioria das palavras de conteúdo. O leitor inexperiente, por outro lado, compensa sua deficiência em reconhecer rápida e corretamente as palavras, por sua formulação de hipóteses a partir dos dados macroestruturais e do uso de seu conhecimento prévio. As substituições de palavras de forma inadequada, do ponto de vista semântico, são mais prováveis de acontecer entre maus que entre bons leitores (Van Dijk & Kintsch, 1983).

A proficiência em leitura e a utilização de estratégias de aprendizagem

Diversos estudos têm constatado que os leitores proficientes utilizam diferentes estratégias cognitivas e metacognitivas para compreender e interpretar textos, diferentemente de leitores que apresentam dificuldades de compreensão (Brown 1992; Kolić-Vehovec & Bajšanski, 2007; Mohamed, Chew & Kalabian, 2006; Pressley et al., 1995; Sternberg & Grigorenko, 2003).

Pressley et al. (1995) destacam a importância dos estudos voltados para a cognição e o processamento da informação, particularmente o papel desempenhado pelas estratégias de aprendizagem, como uma das maiores contribuições da psicologia nas duas últimas décadas. Descrevem as estratégias como heurísticas que auxiliam no desenvolvimento de procedimentos internos, suporte para as operações cognitivas de ordem mais elevada.

A utilização de estratégias de aprendizagem cognitivas e metacognitivas fazem parte dos processos de controle executivo que podem ser intencionalmente utilizados para regular a cognição e contribuir para a maior eficácia do processamento, com reflexos positivos sobre a leitura e também sobre a aprendizagem (Boruchovitch, 1999, 2004; Collins, 1994; Veenman, Van Hout-Wolters & Afflerbach, 2006).

Pressley et al. (1995), em uma revisão da literatura, sintetizam os componentes do "bom processamento da informação" e da autorregulação. Em primeiro lugar, o uso de estratégias para solucionar os desafios cognitivos; em seguida, utilizar estratégias para promover e regular as de nível mais elevado, entre as quais direcionar a atenção para a tarefa, monitorar o desempenho, estabelecer relações entre a tarefa atual e outras. Essas estratégias de nível mais elevado, que envolvem o conhecimento metacognitivo, permitem a tomada de decisões a respeito de quando e como utilizá-las. As estratégias não são empregadas isoladamente, mas se integram para alcançar os complexos objetivos cognitivos nos diversos domínios do conhecimento. As estratégias motivacionais para regular as emoções e controlar a ansiedade, assim como os estilos cognitivos mais reflexivos, também são importantes.

Dembo (2000) destaca as características dos bons leitores: reconhecem as ideias relevantes e as secundárias, sumarizam e sintetizam as informações, fazem inferências, elaboram para si mesmos questões sobre o texto, monitoram a própria compreensão. Além disso, os leitores competentes utilizam boas estratégias antes, durante e depois da leitura. Sabem aproveitar os recursos gráficos que o autor utiliza, tais como objetivos ou questões para atrair a atenção, fazem uso de glossário, exercícios, resumos, tabelas, itálicos, figuras, caixas de texto entre outros recursos.

Segundo Dembo (2000), leitores proficientes planejam a leitura, passam os olhos pelo texto para identificar o tema e os tópicos. Durante a leitura, estabelecem um diálogo com o autor, no sentido de descobrir suas intenções ao escrever e as estratégias que utilizou para descrever seu ponto de vista sobre o tema; relacionam o cabeçalho, os subtítulos; respondem às questões que formulou, tentando identificar a ideia principal e as informações factuais. Sublinham e fazem anotações, usam símbolos gráficos, à margem do texto, para marcar aspectos que desejam retomar para reconstituir, posteriormente, as ideias relevantes. Monitoram a compreensão, assim como tentam identificar os problemas e adotar as soluções adequadas para encontrar o significado de uma palavra desconhecida, retomam a concentração ou recorrem a alguma fonte de informação suplementar. Após a leitura, retomam as questões para respondê-las e para sumariar e representar o material por meio de recursos que destaquem a hierarquia ou a sequência, tais como esquemas, mapas conceituais, matrizes e diagramas. Prestam atenção nas palavras de função, ao longo do texto, o que pode ser útil na decisão a respeito da melhor forma de representá-lo.

Os leitores competentes fazem uso de um grande número de estratégias antes da leitura: recordam informação já adquirida e relacionada ao texto; passam os olhos por títulos, subtítulos, gráficos ou figuras; formulam eventuais perguntas e hipóteses sobre o conteúdo ou a estrutura do texto; fazem autoformulação de questões, a previsão ou antecipação. O propósito dessas estratégias é ativar conhecimentos que sirvam de referência sobre o assunto, motivando o sujeito a ler, além de fornecer uma estrutura organizacional para a compreensão.

Durante a leitura ocorre a construção do significado de ler. O leitor compara as hipóteses iniciais, identifica o que é relevante e o que é secundário, o que está claro e o que está confuso, faz inferências, apreende analogias relevantes no contexto, toma notas, processa uma busca seletiva de informações, sublinha, relê. Uma das estratégias mais paradigmáticas nessa fase é a identificação das ideias principais. Trata-se de uma estratégia difícil para leitores mais novos, mas que pode ser melhorada com instrução e prática. Depois da leitura, os leitores estratégicos não abandonam o texto logo após ler a última linha. Pelo contrário, problematizar, rever o texto e verificar a compreensão são algumas das estratégias utilizadas. Outras são o autoquestionamento a respeito de ter atingido os objetivos, de as previsões terem se confirmado e outras reflexões destinadas a verificar a lógica apreendida a partir do texto, a síntese das ideias principais.

Em uma aproximação do crescente *corpus* de pesquisa sobre *self-regulated learning* – aprendizagem autorregulada –, a proposta de Hacker (1998) é a utilização da expressão *self-regulated comprehension*, compreensão autorregulada, que envolve a monitoração e o controle, pelo leitor sujeito, do processo de compreensão da leitura. O autor descreve o processo da compreensão automonitorada e segundo ele, no nível cognitivo, o leitor constrói uma representação interna a partir da materialidade do texto a ser lido e do contexto exterior. O processo de compreensão ocorre a partir do conhecimento de mundo por parte do leitor, de suas estratégias de leitura, de seus padrões de avaliação e por meio do confronto entre o modelo externo e interno do texto.

O nível metacognitivo monitora e controla os processos que ocorrem no nível cognitivo. Falhas na compreensão podem ocorrer durante a leitura, por exemplo quando o leitor encontra palavras desconhecidas e faz inferências incorretas ou quando não identifica informações relevantes. Nesses casos, pode haver uma ilusão de compreensão, e o leitor talvez acredite ter compreendido o texto. A falha pode ser creditada ao não envolvimento do nível metacognitivo (na monitoração ou no controle da compreensão). Falhas de compreensão ocorrem também em situações nas quais o leitor monitoriza e controla a compreensão, mas o modelo interno do texto é distorcido pela concorrência de outras informações recentemente aprendidas.

Pode-se afirmar que, por meio da leitura autorregulada, dos conhecimentos prévios e das diferentes experiências de ler textos de diversos gêneros, forma-se uma rede de sentidos e desenvolve-se uma rede mental de interconexões. Esse processo influencia as interpretações do que já foi lido e a interpretação do corrente texto. O leitor autorregulado preocupa-se não apenas em avaliar o texto de acordo com a perspectiva do autor, como também em buscar sentidos no texto, avaliando-o de múltiplas perspectivas. Ter competência em leitura significa possuir conhecimentos estratégicos, saber gerenciar de forma adequada sua utilização e aplicá-los de modo flexível, em cada situação – antes, durante e depois da leitura, com intencionalidade (Kleiman, 2007; McKown & Barnett, 2007; Vaz, 1998).

Da leitura inicial à leitura autorregulada: reflexões sobre o processo durante a escolarização formal

Pesquisas mostram que paralelamente ao desenvolvimento da fala ocorre a "aquisição da escrita" e a "capacidade de recuperar a escrita pela leitura", ainda antes do início da escolarização formal (Rego, 1985; Kato, 1986). Esse processo é mais frequente em famílias nas quais os pais têm maior nível de escolaridade. Disso decorrem muitas das diferenças de desempenho entre crianças das escolas particulares e das escolas públicas apontadas pela Prova Brasil já nas séries iniciais do ensino fundamental. De fato, a rede pública atende às famílias de menor poder aquisitivo e de familiares com menor nível de escolarização. As atividades de letramento, a utilização dos recursos de leitura e de escrita com objetivos socioculturais, são mais intensamente vividas por pessoas com maior nível de instrução. Por outro lado, a ampliação das oportunidades gratuitas de educação infantil poderá contribuir para amenizar essas diferenças, desde que haja um trabalho rico em atividades de linguagem, em contextos significativos de interação, permitindo às crianças o acesso a múltiplas práticas culturais de oralidade e de leitura, o mais precocemente possível, ampliando seu universo linguístico quando não têm, na família, essas oportunidades (INEP, 2007; MEC, 2004).

Cabe aqui, portanto, uma observação importante acerca da proposta pedagógica da escola e da concepção de leitura que irão nortear o processo de alfabetização, as abordagens subsequentes relativas ao ensino da leitura e da escrita, ou seja, do processo de letramento entendido como possibilidade de inserção e participação plena dos escolarizados em uma sociedade com múltiplas atividades socioculturais e de linguagens. A divergência a propósito da predominância dos processos ascendentes e descendentes em leitura se reflete na proposta de métodos destinados ao ensino da leitura inicial. Muitos autores, entre os quais Gombert e Fayol (1995), privilegiam os métodos sintéticos, valorizando mais os processos ascendentes (*bottom-up*) de codificação e decodificação. Outros dão mais ênfase aos processos descendentes (*top-down*), incluindo tanto o conteúdo global do texto e sua estrutura como os elementos paratextuais, tais como gravuras e ilustrações. Entre eles, a concepção de Goodman de *whole language* (1997) e a de Smith (1999), a respeito da aquisição e do processamento da leitura, coerentes com a visão de Kintsch (1988, 1994). De acordo com esse posicionamento, os bebês utilizam suas ferramentas intelectuais para explorar e conhecer o mundo que os cerca, para apreender a linguagem oral e se tornarem fluentes na fala. Além disso, muito antes de vivenciar a aprendizagem explícita da leitura, as crianças prestam atenção nos textos e nos suportes da escrita, tais como livros, rótulos e embalagens, entre outros. Antes de saberem ler, no sentido estrito do termo, processam informações acerca do material disponível para leitura, presentes em seu cotidiano e no mundo letrado, assim como procuram compreender os procedimentos e os usos que presenciam, observando adultos e outras crianças (Ferreiro & Teberosky, 1986).

As atividades de ouvir histórias, notícias e propagandas também as levam à reflexão sobre seu significado social. Nessas situações, são elaboradas inferências tanto sobre o conteúdo global do texto falado/ouvido, lido, quanto à forma escrita e quanto a sua estrutura. Isso pode ser comprovado por meio das antecipações que são feitas, quando solicitado pelo professor (Kolić-Vehovec & Bajšanski, 2007).

Smith (1999) considera que, no início da aprendizagem formal da leitura, a melhor ajuda do professor à criança é criar um clima de confiança, sem ansiedade nem medo de errar ou de correr riscos, além de criar situações que exijam leitura rápida e de busca de sentido no texto lido. O melhor teste sobre a capacidade de compreensão de um tema ou tipo de texto é ler para a criança. Se não houver a compreensão do que é lido para ela, dificilmente será capaz de encontrar o sentido do texto sem ajuda, o que pode ocorrer devido à falta de conhecimentos significativos sobre o assunto. Para aumentar a base de conhecimento não visual, necessária para a compreensão na leitura, pode-se trabalhar com filmes, debates, textos ilustrados acessíveis e interessantes. Goodman (1997, 2003) afirma que é ineficaz utilizar práticas de leitura pretensamente eficientes, se forem inadequadas e não motivadoras. Nessas situações, o estudante aprende que a precisão é mais importante que a compreensão.

Pressley et al. (1995) descrevem o embate teórico entre adeptos do *whole language* (linguagem integral) *x phonics approaches* (abordagens fônicas) e seu impacto sobre as práticas docentes nas escolas americanas. Salientam que os estudos científicos das duas últimas décadas levaram a um claro entendimento não só sobre as vantagens da instrução explícita das habilidades de decodificação desde a pré-escola, mas que também emergiram ricas estratégias de ensino combinando as duas abordagens, tanto no ensino regular como na educação especial. Entre essas práticas, eles mencionam o incentivo ao prazer de ler e escrever em contextos reais, como, por exemplo, o jornal escolar. A construção de um ambiente literário com salas de leitura, quadros, mostras e exibições multimídia, o apoio motivacional e o encorajamento à autoeficácia ("eu posso ler e escrever") desenvolve nas crianças a compreensão sobre a importância da leitura e da escrita na vida. Isso as incentiva a tornarem-se bons leitores e escritores. Os autores consideram, pois, superada a disputa entre uma ou outra abordagem de alfabetização, visto que existem muitas alternativas e caminhos coerentes com a psicologia cognitiva e a teoria do processamento de informação.

Sternberg e Grigorenko (2003) destacam a necessidade de acompanhamento constante e apoio ao estudante em seu processo não linear, porém gradativo, de aprendizagem e desenvolvimento da leitura. Em cada etapa, um tipo de conhecimento linguístico é necessário, e a falta desse conhecimento específico reduz a motivação, os níveis de prática e as expectativas do aprendiz. As dificuldades não superadas produzem comportamentos compensatórios, porém insuficientes para atingir a compreensão e a proficiência em leitura. Instrumentos de diagnóstico e atividades de intervenção adequadas poderão ser adotados, sem que se rotule a criança com dificuldade. Soares (2004) acrescenta que não atentar para as possíveis dificuldades no percurso pode significar o comprometimento de uma trajetória que tem tudo para ser bem-sucedida. Nesse sentido, um dos recursos será resgatar o ensino explícito de algumas habilidades básicas da leitura, no início do processo de escolarização, sem perder de vista a função social da leitura nem a interação leitor/texto/autor, que se estabelece no ato de ler.

Em relação ao aprendizado da leitura, Smith (1999) considera ser mais importante focalizar o processo de sua compreensão que a ênfase sobre "o que fazer para melhorar o ensino" ou "qual é a melhor maneira de ensinar a ler". De fato, nenhum método de ensino da leitura pode ser considerado um fracasso e não existe método que alcance sucesso com todas as crianças. Dessa forma, se o professor compreender os processos de aprendizagem, poderá tomar as decisões adequadas sobre como agir com alunos diferentes, em diferentes níveis e contextos. Goodman (1997) compartilha da mesma opinião e recomenda aos professores que planejem atividades de leitura relevantes, com ênfase no significado e no respeito aos conhecimentos que os alunos já possuem, assim como a sua autonomia.

Considerações finais

De tudo o que foi escrito até aqui, vale a pena ressaltar que o campo teórico sobre a compreensão leitora é amplo, multidisciplinar e abriga tendências diversas, com repercussão sobre a leitura inicial e seu desenvolvimento, assim como na definição dos objetivos de aprendizagem na escola, tendo como perspectiva a formação do leitor. A psicologia cognitiva e a teoria do processamento da informação apresentam contribuições valiosas para esclarecer aspectos a respeito do ato de ler para compreender e de como se pode intervir para promover a compreensão, inerente ao processo de ler: não se aprende a ler e depois a compreender; aprende-se, ou não, a ler e a compreender.

Os objetivos do ensino e da aprendizagem em geral, assim como da leitura, se situam, pois, além da memorização. A instrução eficaz visa à generalização, à aplicação, à transferência dos novos conhecimentos, à capacidade de integrá-los aos conhecimentos prévios ou à reestruturação destes, quando necessário, modificando a própria estrutura cognitiva, que se torna capaz de aprendizagens sempre mais avançadas (Gomes, 2008).

Pesquisas recentes mostram as possibilidades e os efeitos positivos de trabalhar na formação de professores e empregar práticas educativas voltadas para o ensino de estratégias cognitivas e metacognitivas a fim de garantir melhor desempenho dos estudantes (Boruchovitch, 1999, 2001, 2004, Gomes, 2002, 2008).

McCormick, Miller e Pressley (1989) afirmam que a visão otimista acerca das possibilidades da aprendizagem com fundamentos na psicologia cognitiva e na teoria do processamento da informação se deve ao modelo explicativo do processamento cognitivo descrito mais em termos de processo que em função de variáveis estruturais da inteligência. Nesse caso, a intervenção é possível, porque o processo é suscetível de ser afetado de modo favorável em determinadas condições instrucionais. Com essa mesma convicção, Gomes (2008) propõe a instrução de estratégias destinadas ao desenvolvimento da compreensão leitora e à utilização do que foi lido para múltiplas finalidades. Sternberg e Grigorenko (2003), entre outros autores, confirmam que suas pesquisas têm se voltado, em parte, para a implementação de programas direcionados ao ensino da leitura, com estratégias para crianças do ensino fundamental.

Por constituírem procedimentos, capacidades, atitudes ou processos mentais que se desenvolvem com o exercício, as estratégias podem ser aprendidas; pressupõem uma orientação finalística para um objetivo ou meta identificável e, portanto, podem ser ensinadas (Boruchovitch,

2004; Brown, 1992; Souvignier & Mokhlesgerami, 2006). Além disso, em uma concepção multidimensional de aprendizagem autorregulada, os fatores cognitivos, metacognitivos, afetivos, sociais e contextuais atuam de modo integrado; atribui-se ao professor a tarefa de ensinar e de ensinar a aprender. Ao aluno, cabe a autorregulação e o desenvolvimento da capacidade de aprender a aprender (Gomes, 2002).

Segundo Vaz (1998), a aprendizagem de estratégias de leitura não deve ser entendida como uma aquisição isolada da esfera mais global da atuação do aluno. O objetivo de melhorar a compreensão da leitura é mais restrito que o de aumentar a capacidade do aluno de gerenciar o processo da aprendizagem de forma autônoma, ajustada e empenhada. Ensinar a compreender pressupõe, portanto, uma ampla intervenção que englobe as múltiplas e diversificadas esferas de competência do sujeito, desenvolvendo simultaneamente a cognição, a metacognição e a motivação.

Um processo de ensino e de aprendizagem eficaz deve passar do conhecimento à ação, e esse "fazer de fato" é um processo claramente dependente de fatores cognitivo-motivacionais. Na última etapa do aprender, espera-se que os procedimentos estratégicos se transformem em hábitos, em atuação natural e sedimentada. Para isso, é preciso que o aprendiz/leitor esteja disposto a alterar rotinas e adotar novas formas de atuação, desde que sejam percebidas como importantes, apropriadas, úteis. Na verdade, a tendência dos estudantes é não dar valor às estratégias aprendidas e as considerar desnecessárias. Um dos cuidados fundamentais do professor deve ser, pois, demonstrar-lhes sua importância, com o desenvolvimento da consciência metacognitiva. Compreender o porquê de seu uso, sua relação com as formas de pensamento e de resolução de problemas, requeridos no cotidiano extraescolar, pode levá-los a se sentir mais capazes e a demonstrarem, na prática, um desempenho superior (Pressley et al., 1995; Vaz, 1998).

Autopercepções e crenças atribucionais afetam a aprendizagem da leitura, a utilização de estratégias e o processo de autorregulação da leitura. A convicção do aluno de que aquilo que se impõe como aprendizagem escolar tem pouco que ver com as formas de pensamento e de resolução de problemas requeridos no cotidiano extraescolar provavelmente, induz à limitação do esforço para aprender. Ensinar a compreender pressupõe, portanto, uma ampla intervenção que englobe as múltiplas e diversificadas esferas de competência do sujeito, as características pessoais do leitor, os propósitos da leitura e as circunstâncias em que ela ocorre. Além disso, é necessário o desenvolvimento de competências de controle consciente que permitirão adaptar essas estratégias a cada tipo de texto. Assim, trabalha-se simultaneamente a cognição, a metacognição e a motivação, em uma tríplice aliança, em favor da aprendizagem e da compreensão autorreguladas (McCormick et al., 1989).

Referências bibliográficas

Baddeley, A. (2006). Working Memory: an Overview. In S. J. Pickering (Org.). *Working Memory and Education* (pp. 1-26). Nova York: Elsevier Science & Technology.

Boruchovitch, E. (1999). Estratégias de aprendizagem e desempenho escolar: considerações para a prática educacional. *Psicologia: Reflexão e Crítica,* 12(2), 361-76.

Boruchovitch, E. (2001). Algumas estratégias de compreensão em leitura de alunos do Ensino Fundamental. *Psicologia Escolar e Educacional,* 5(1), 19-25.

Boruchovitch, E. (2004). A autorregulação da aprendizagem e a escolarização inicial. In E. Boruchovitch & J. A. Bzuneck (Orgs.). *Aprendizagem: processos psicológicos e o contexto social na escola* (pp. 55-88). Petrópolis: Vozes.

Brown, R. L. (1992). *Developing Reading Competence in University ESL Classes* (pp. 1-17). In Annual International Conference of the Institute of Language in Education, Hong Kong. U.S. Department of Education; Institute of Education Sciences. ED 368 169.

Bzuneck, J. A. (2004). Aprendizagem por processamento de informação: uma visão construtivista. In E. Boruchovitch & J. A. Bzuneck (Orgs.). *Aprendizagem: processos psicológicos e o contexto social na escola* (pp. 17-54). Petrópolis: Vozes.

Collins. N. D. (1994). Metacognition and Reading to Learn (pp.1-5). *English and Communication*. ED 376427.

Dembo, M. H. (2000). *Motivation and Learning Strategies For College Success – A Self-Management Approach*. Londres: LEA.

Ferreiro, E., & Teberosky, A. (1986). *Psicogênese da língua escrita*. Porto Alegre: Artes Médicas.

Festas, M. I. F. (1998). A compreensão da leitura: a construção de um modelo mental do texto. *Revista Portuguesa de Pedagogia*, Ano XXXII(1), 81-98.

Gombert, J. E., & Fayol, M. (1995). La lecture compréhension: fonctionnement et apprentissage. In D. Gaonac'h et C. Golder (Orgs.). *Manuel de psychologie pour l'enseignement*. Paris: Hachette.

Gomes, M. A. M. (2002). *Aprendizagem autorregulada em leitura numa perspectiva de jogos de regras*. Dissertação de Mestrado, Universidade Estadual de Campinas, Faculdade de Educação, Campinas, SP.

Gomes, M. A. M. (2008). *Compreensão autorregulada em leitura: procedimentos de intervenção*. Tese de Doutorado, Faculdade de Educação. Universidade Estadual de Campinas, Campinas, São Paulo.

Goodman, K. (1997). *Introdução à linguagem integral*. Porto Alegre: Artes Médicas.

Goodman, K. (2003). O processo da leitura: considerações a respeito das línguas e do desenvolvimento. In E. Ferreiro & M. Gomes Palácio. *Os processos de leitura e escrita: novas perspectivas* (pp. 11-21). Porto Alegre: Artmed.

Guterman, E. (2003). Integrating Written Metacognitive Awareness Guidance as a 'Psychological Tool' to Improve Student Performance. *Learning and Instruction*, 13, 633-51. Disponível em http://www.elsevier.com/locate/learninstruc. Acesso em 10 jan. 2007.

Guthrie, J. T., Wigfield, P. B., Kathleen C., Perencevich, A. T. H., Davis, M. H., Nicole T., Scafiddi, N. T., & Tonks, S. (2004). Increasing Reading Comprehension and Engagement Through Concept-Oriented Reading Instruction. *Journal of Educational Psychology*, 96(3), 403-23.

Hacker, D. J. (1998). Self-regulated Comprehension During Normal Reading. In J. D. Hacker, J. Dunlosky & A. C. Graesser (Orgs.). *Metacognition in Educational Theory and Practice* (Cap. 8, pp. 165-91). Londres: Associates Publishers (LEA).

INEP – Instituto Nacional de Estudos e Pesquisas Educacionais Anísio Teixeira – (2007). *Sistema Nacional de Avaliação da Educação Básica* – SAEB. 2005. Primeiros resultados: Médias de desempenho do SAEB/2005 em perspectiva comparada. Disponível em http://www.inep.gov.br/download/saeb. Acesso em 13 jul. 2007.

Kato, Mary A. (1986). *No mundo da escrita: uma perspectiva psicolinguística*. São Paulo: Ática.

Koch, I. G. V., & Elias, V. M. (2006). *Ler e compreender os sentidos do texto*. São Paulo: Contexto.

Kintsch, W. (1988). The Role of Knowledge in Discourse Comprehension: A Construction-Integration Model. *Psychological Review*, 95(2), 163-82.

Kintsch, W. (1994). Text Comprehension Memory and Learning. *American Psychologist*, 49(4), 294-303.

Kleiman, A. B. (1987/2007) *Texto & Leitor: Aspectos cognitivos da leitura*. 10ª ed. Campinas: Pontes.

Kolić-Vehovec, S., & Bajšanski, I. (2007). Comprehension Monitoring and Reading Comprehension in Bilingual Students. *Journal of Research in Reading*, 30(2), 198-211.

Lahire, B. (2004). Sucesso Escolar nos Meios Populares. São Paulo: Editora Ática.

McCormick, C. B., Miller, G., & Pressley, M. (1989). *Cognitive Strategy Research From Basic Research to Educational Applications*. Springer-Verlaq.

McKown, B. A., & Barnett, C. L. (2007). *Improving Reading Comprehension Through Higher-Order Thinking Skills*. A research project submitted to the graduate faculty of the school of education in partial fulfillment of the requirements for the Degree of Master of Arts, Saint Xavier University, Chicago, Illinois (pp. 1-57). ED 496 222.

MEC – Ministério da Educação (2004). *Ensino Fundamental de nove anos – Orientações gerais* – Secretaria de Educação Básica, Coordenação Geral do Ensino Fundamental, Departamento de Políticas de Educação Infantil e Ensino Fundamental.

Mohamed, A. R. M., Chew, J., & Kabilan, M. K. (2006). Metacognitive Reading Strategies of Good Malaysian Chinese Learners. *Malaysian Journal of ELT Research*, 2, 21-41.

Pressley, M., Woloshyn, V., Burkell, J., Cariglia-Bull, T., Lysnchunk, L., Mcgoldrick, J. A., Schneider, B., Snyder, B. L., & Symons, S. (1995). *Cognitive Strategy Instruction That Really Improves Children's Academic Performance*. Cambridge, MA: Brookline Books.

Rego, L. L. B. (1985). Descobrindo a língua escrita antes de aprender a ler: algumas implicações pedagógicas. *Revista Brasileira de Estudos Pedagógicos*, 66(152), 5-77.

Scaramucci, M. V. R. (1997). A competência lexical de alunos universitários aprendendo a ler em inglês como língua estrangeira. DELTA: Documentação de Estudos em Linguística Teórica e Aplicada, v. 13(2), p. 215-46.

Soares, M. (2004). Letramento e alfabetização: as muitas facetas. *Revista Brasileira de Educação*, 25(1), 3-17. Disponível em http://www.scielo.br/. Acesso em 13 jul. 2006.

Smith, F. (1999). *Leitura significativa*. Porto Alegre: Artes Médicas.

Souvignier E., & Mokhlesgerami, J. (2006). Using Self-regulation as a Framework for Implementing Strategy Instruction to Foster Reading Comprehension. *Learning and Instruction* 16, p. 57-71. Disponível em http://www.elsevier.com/locate/learninstruc. Acesso em 22 jul. 2006.

Sternberg, R. J., & Grigorenko, E. L. (2003). *Crianças rotuladas: o que é necessário saber sobre as dificuldades de aprendizagem*. Porto Alegre: Artmed.

Van Dijk, T. A., & Kintsch, W. (1983). *Strategies of Discourse Comprehension*. Nova York: Academic Press.

Vaz, J. P. (1998). Ensinar a compreender: das estratégias de leitura à leitura estratégica. *Revista Portuguesa de Pedagogia*, 32(1), p. 99-123.

Veenman, M. V. J., Van Hout, Wolters, B. H. A. M., & Afflerbach, P. (2006). Metacognition and Learning: Conceptual and Methodological Considerations. *Metacognition and Learning*, 1, 3-14.

Capítulo 5

Compreensão em leitura e coeficiente intelectual verbal

Katya Luciane de Oliveira
Universidade Estadual de Londrina

Evely Boruchovitch
Universidade Estadual de Campinas

Acácia Aparecida Angeli dos Santos
Universidade São Francisco

Introdução

A expansão do ensino primário público ocorreu somente na segunda metade do século XIX. Nessa época os conteúdos ensinados nas escolas primárias ficavam restritos aos interesses do Estado. A escola não era vista como lugar de desenvolvimento das diferentes habilidades humanas, mas como local no qual se aprendia a ler e a escrever. No século XX, a situação não foi diferente, pois a leitura de livros nas escolas primárias enfatizava, sobretudo, o comportamento moral e o civismo. Naquela época, poucos eram os que tinham a oportunidade de diversificar o repertório de leitura e, portanto, fomentar o pensamento crítico, visto que a escola, especialmente a primária, não oferecia tal possibilidade (Oliveira & Souza, 2000).

A falta de competência em leitura frequentemente compromete a vida plena do indivíduo como cidadão, pois reduz sua possibilidade de refletir, questionar ou mesmo de opinar sobre os acontecimentos envolvendo aspectos políticos acessíveis principalmente por meio da leitura. Um estudante que sabe ler criticamente, em geral, tem um bom desempenho acadêmico, amplia seus conhecimentos e passa a entender a realidade de forma mais flexível (Fontes & Martins, 2004; Santos, Boruchovitch & Oliveira, 2009; Witter, 2004).

Os estudantes, principalmente aqueles provenientes do ensino público, concluem o ensino fundamental com sérias dificuldades de leitura (Fini & Calsa, 2006; Sisto & Martinelli, 2006). Assim, diversos autores consideram que a falta de habilidade para compreender textos gera desmotivação para a leitura. Além disso, a aprendizagem como um todo fica prejudicada, pois para que a compreensão se concretize é necessário estabelecer uma estreita relação entre o leitor e a leitura. Isso depende de aspectos associados à decodificação e à compreensão linguística (Dembo, 2000; Gunthrie & cols. 2004; Spira, Bracken & Fischel, 2005).

Pode-se dizer que ler não é uma habilidade facilmente adquirida, pois considerando uma visão mais abrangente, a leitura depende da compreensão global do conteúdo lido. Trata-se de habilidade essencial que não pode ser considerada somente pelo fato de a pessoa decifrar os símbolos do alfabeto, juntar palavras ou sentenças. Na realidade, ler significa compreender o que foi lido de modo a contextualizar a informação, atribuindo-lhe significado.

O processo de compreensão em leitura é complexo. Segundo Dembo (2000), envolve assimilação, elaboração e retenção da informação. Muitas são as explicações sobre como ocorre seu processamento. Na presente pesquisa a compreensão será entendida, segundo duas perspectivas, a do *bottom-up* e a do *top-down* (Nicholson, 1999), que serão descritas a seguir.

A primeira perspectiva tem como premissa que o leitor processa toda palavra e realiza uma análise intensiva de seu significado. Nela, a leitura tem dois componentes essenciais: a decodificação e a compreensão linguística. Nicholson (1999) utiliza alguns termos metafóricos para explicar a sequência do processamento. Dessa forma, propõe que se imagine que na estrutura de processamento há um decodificador que converte a linguagem escrita em uma representação fonológica abstrata. As palavras são procuradas em um dicionário mental de acordo com seu código fonológico, por um bibliotecário. Em seguida, o processador, cujo papel seria o de um mágico que organiza a sequência das palavras, considerando os aspectos sintáticos e semânticos. Essa primeira parte do processamento ocorreria no âmbito da memória de trabalho. Em seguida, a informação é transferida para a memória de longo prazo, denominada pelo autor de TPWSGWTAU (*the place where sentences go when they are understood*).

No caso da perspectiva *top-down*, o leitor é visto como um experimentador do texto, que se vale de um sofisticado nível de estrutura de conhecimento para construir o significado. Nessa perspectiva, a ênfase está no significado da leitura, da qual o leitor tem que perceber o contexto geral do texto para compreendê-lo. Pode-se identificar o processamento *top-down* em situações de aprendizagem de uma segunda língua, da qual não se tem pleno domínio. Verifica-se, nesses casos, que mesmo quando o leitor não conhece o significado de todas as palavras do texto é possível realizar uma leitura contextual e absorver suas ideias principais.

Oliveira, Boruchovitch e Santos (2009) mencionam que a compreensão em leitura é um processo dinâmico que agrega tanto a construção de sentido contextual como aspectos de decodificação e domínio linguístico. Por se tratar de uma das principais habilidades para que o sucesso acadêmico ocorra, muitas são as crianças que apresentam sérias dificuldades nessa habilidade.

Nessa direção, considera-se que na infância o domínio na habilidade de leitura ocorre gradualmente quando a criança consegue decodificar letras, formar palavras, entender frases e orações. Em seguida, torna-se capaz de extrair o significado do texto de modo que as informações sejam relacionadas à estrutura, para então colocar em prática os conhecimentos já aprendidos e concluir sua compreensão (Otto, 1992). Sob essa perspectiva, Nicholson (1999) observa que as crianças que foram bem-sucedidas no início da aprendizagem da leitura e incentivadas a ler como forma de lazer e diversão possivelmente terão mais facilidade para utilizá-la nos conteúdos escolares.

O estudo realizado por Dias (2000) foi resultante da comparação de alunos que estudavam em escolas em que havia incentivo á leitura e posterior discussão de histórias com outros que estudavam em instituições em que isso não ocorria. Os dados obtidos revelaram que as crianças que são expostas à história e posterior discussão demonstraram melhor desenvolvimento do raciocínio verbal associado à capacidade de silogismo.

Em estudo posterior, Boruchovitch (2001) evidenciou que as crianças do quarto, do sexto e do oitavo anos do ensino público fundamental apresentavam estratégias de aprendizagem pobres de compreensão da leitura. A autora considerou que o desempenho delas mostrou-se comprometido devido ao desconhecimento das estratégias que poderiam facilitar uma melhor assimilação do conteúdo, o monitoramento e a regulação da compreensão do material lido.

Referindo-se ao trabalho que realizou com alunos do sexto e do nono anos do ensino fundamental, Silva (2004) relata que muitos não eram capazes de realizar leitura com fluência e compreensão. Além disso, demonstravam não só dificuldade de compreensão textual, mas também dificuldade para decodificar as letras do alfabeto, tarefa sobre a qual por pressuposto deveria ter ganhado domínio durante o primeiro ciclo do ensino fundamental.

A esse respeito, Fontes e Martins (2004) defendem a ideia de que as crianças deveriam ser submetidas a uma estimulação precoce às atividades de leitura, dos quatro aos seis anos. Seus argumentos estão amparados em um estudo experimental que investigou os efeitos da leitura de histórias no desenvolvimento da linguagem de crianças de baixa renda. As conclusões apontam que os alunos que passaram pela estimulação tiveram melhor desenvolvimento da linguagem oral.

Oliveira, Boruchovitch e Santos (2007) estudaram a compreensão textual de alunos do oitavo e do nono anos do ensino fundamental. Com os resultados foi possível observar que apresentaram uma baixa compreensão em leitura, havendo também diferenças na compreensão entre meninos e meninas, que foi maior para os participantes do sexo feminino. Os autores consideraram como explicativa a ausência de um repertório diversificado de conhecimentos prévios armazenados. Essa conclusão encontra respaldo na importância atribuída aos conhecimentos prévios, tal como defendido por Woolfolk (2000), que afirma que a mente humana pode ser entendida como uma estrutura processual na qual todas as informações e as experiências sensoriais são armazenadas. Ainda nessa perspectiva, Sternberg (2000) assinala que um ambiente culturalmente favorável pode fornecer a estimulação necessária do raciocínio para que uma nova informação seja compreendida, bem como permite ao indivíduo identificar quando não conseguiu aprender algo (metacompreensão).

Em trabalhos anteriores, Sternberg (1987) já se referia à metacompreensão como um processo cognitivo verbal que envolve decodificação, compreensão linguística e significação do conteúdo lido. Os componentes da memória são ativados, de modo que a nova informação, quando compreendida, seja classificada, elaborada e armazenada. A esse respeito, também Guterman (2003) considera que a compreensão de leitura depende da metacompreensão, isto é, do autoconhecimento do aluno para monitorar a própria compreensão e identificar quando não compreendeu o conteúdo lido. Decorre daí a importância de um diversificado repertório de conhecimentos anteriores que facilitarão o entendimento de uma nova informação (Gilabert, Martinez & Vidal-Abarca, 2005).

Desse modo, aventa-se a hipótese de que um bom raciocínio verbal (inteligência verbal) pode ser um importante recurso no momento da leitura, de forma a facilitar o acesso aos conteúdos já armazenados (prévios) e, consequentemente, seu entendimento. Sob esse aspecto, Weschler (1991) enfatiza que ser inteligente depende de uma interação dinâmica que envolve comportamento objetivo, pensamento racional e conhecimento para interagir de forma eficaz no meio.

Nascimento e Figueiredo (2002) apontam que o indivíduo inteligente deve ser considerado como um todo. Esse enfoque remete à seguinte hipótese: o aluno inteligente é aquele que utiliza suas melhores habilidades para se sair bem academicamente. Sailor e Abreu (2005) e Gonida, Kiosseoglou e Leondari (2006), entre outros autores, acreditam que a inteligência associa-se ao bom desempenho escolar. Nesse sentido, explicam que o aluno inteligente é capaz de reconhecer quando não aprendeu algo e de tomar uma atitude de forma a melhorar seu aprendizado.

Embora seja pertinente aventar uma possível relação entre compreensão em leitura e coeficiente intelectual verbal, constata-se que, até o presente momento, não foi possível encontrar estudos científicos, visando a averiguá-la. Assim, com base nas considerações trazidas, o objetivo desta pesquisa foi explorar a compreensão em leitura avaliada por meio do teste de *Cloze* e o coeficiente intelectual verbal mensurado pelo teste de inteligência WISC-III de estudantes do ensino fundamental, bem como levantar possíveis diferenças de gênero.

Método

Participantes

Participaram do estudo 565 estudantes do ensino fundamental de quatro escolas públicas e privadas dos estados de São Paulo (75,8%, n = 428) e Minas Gerais (24,2%, n = 137). O gênero feminino representou 54,3% (n = 307) da amostra, e o masculino, 45,7% (n = 258). Quanto ao ano escolar, 159 (28,1%) estavam matriculados no sexto ano; 163 (28,8%), no sétimo; 117 (20,7%), no oitavo; e 126 (22,3%), no nono ano.

Instrumentos

Foi utilizado um texto preparado segundo a técnica de *Cloze*, em sua versão tradicional (Taylor, 1953), na qual se omitem todos os quintos vocábulos do texto e, no local da palavra omitida, coloca-se um traço de tamanho proporcional ao da palavra excluída. O texto empregado era intitulado "Coisas da natureza", contendo 250 vocábulos e quarenta omissões. É importante ressaltar que o instrumento apresenta evidências de validade e precisão, conforme indicado em estudo prévio de autoria de Santos (2004).

A forma de correção utilizada foi a literal, que considera acerto quando se preenche a lacuna com a exata palavra que foi omitida. Para tanto, atribuiu-se um ponto para cada acerto e zero para cada erro. Desse modo, a pontuação poderia variar de zero a quarenta pontos.

Também foi empregada a Escala de Inteligência Wechsler para Crianças (WISC-III), de autoria de Wechsler (1991). A versão empregada no estudo foi validada para a realidade brasileira por Nascimento e Figueiredo (2002). O material é composto por treze subtestes, mas para a avaliação da inteligência empregam-se dez, divididos em cinco subtestes verbais (informação, semelhança, aritmética e vocabulário) e cinco de execução (completar figuras, código, arranjo de figuras, cubos e armar objetos). Neste estudo, apenas os subtestes verbais foram empregados.

O desempenho em QIV (QI verbal) foi interpretado utilizando as seguintes categorias: o QI maior ou igual a 129 é considerado "muito superior", o QI na faixa de 120 a 128 é considerado "superior", o QI "médio superior" relaciona-se à faixa de 110 a 119, o desempenho "médio" é obtido na faixa de 90 a 109, o desempenho "médio inferior" está na faixa de 80 a 89, a faixa de 70 a 79 representa um desempenho "limítrofe" e o desempenho menor ou igual a 69 é categorizado como "intelectualmente deficiente".

Procedimento

As aplicações dos instrumentos ocorreram após a assinatura do termo de consentimento livre e esclarecido pelos responsáveis legais da criança. O *Cloze* foi aplicado de forma coletiva, em sala de aula, e em horário e dia combinados com os professores; as aplicações duraram em média 25 minutos. No caso da aplicação dos subtestes verbais do WISC-III, a coleta foi individual em espaço cedido nas bibliotecas de cada instituição de ensino e teve duração de 50 minutos.

Resultados

Os dados foram organizados em planilha e submetidos à estatística descritiva, visando a atender o objetivo deste estudo. Inicialmente foi realizado um levantamento da pontuação obtida pelos participantes no *Cloze* e nos subtestes verbais do WISC-III. Na sequência, investigaram-se possíveis diferenças de desempenho, e por fim avaliou-se a correlação entre compreensão em leitura e coeficiente intelectual verbal.

No que se refere à pontuação no teste de *Cloze*, observou-se que a média foi de 22 pontos (*Dp* = 6), a pontuação mínima foi de zero, e a máxima, de 34. Já a média de pontos relativa ao coeficiente intelectual verbal foi de 98,3 pontos (*Dp* = 16,4), a pontuação mínima foi de 50 pontos, e a máxima, de 142. No que concerne à classificação do coeficiente intelectual verbal, tal como consta na Tabela 1, a seguir, foram identificados os percentuais de participantes em cada uma das categorias previstas no WISC-III.

Tabela 1. Classificação dos percentuais de participantes nas categorias de classificação do coeficiente intelectual verbal no WISC-III.

Classificação	*F*	%
Limítrofe	4	6,8
Médio inferior	10	16,9
Médio	30	50,8
Médio superior	5	8,5
Superior	7	11,9
Muito superior	3	5,1
Total	59	100

Para identificar eventuais diferenças entre os sexos nos escores do *Cloze* e no coeficiente intelectual verbal, recorreu-se ao teste *t* de *Student*. Os dados revelaram que eles se diferenciaram na pontuação do *Cloze*, considerando $t = -6{,}616$ e $p \leq 0{,}001$. A Figura 1 apresenta o *box-plot* das pontuações dos participantes por sexo.

Figura 1. *Box-plot* das pontuações dos participantes divididos por sexo

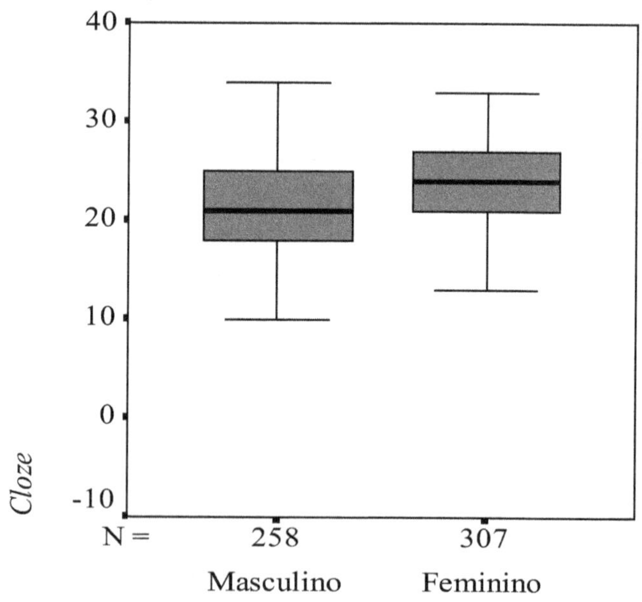

Quanto ao coeficiente intelectual verbal, cabe lembrar que 23 meninos e 36 meninas responderam aos subtestes verbais do WISC-III. Assim, para levantar diferenças de desempenho, o teste *t* de *Student* foi empregado. Os resultados não mostraram diferenças significativas entre os grupos (t = 0,069; p = 0,945). As meninas tiveram uma média de pontos muito próxima à média dos meninos (M = 101,7 e M = 101,9, respectivamente).

Com a finalidade de analisar a relação entre compreensão em leitura e coeficiente intelectual verbal, recorreu-se ao teste de correlação de *Pearson*. Foi possível evidenciar uma relação significativa e positiva, mas um pouco baixa entre as duas variáveis, tendo em vista r = 0,28 e p = 0,032. A Figura 2 apresenta a dispersão dos participantes entre os escores do *Cloze* e do coeficiente intelectual verbal.

Figura 2. Dispersão dos participantes entre os escores do *Cloze* e do coeficiente intelectual verbal.

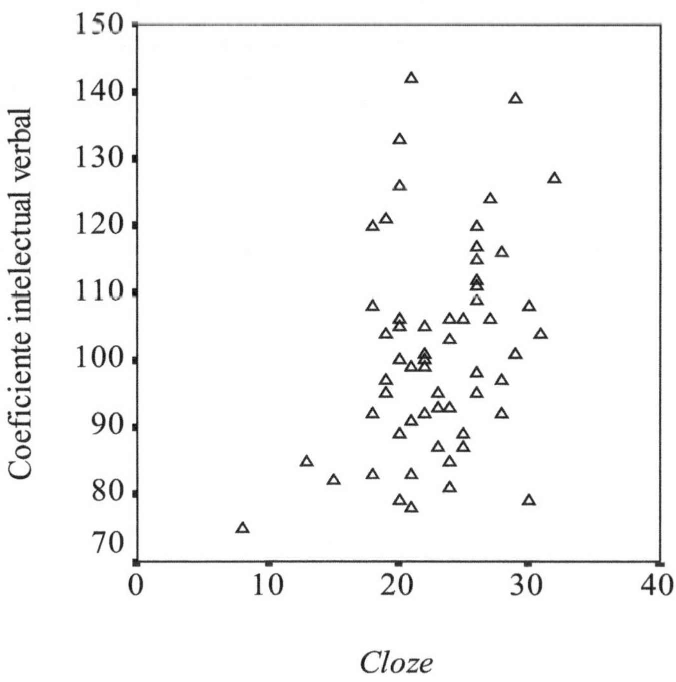

Considerações finais

A média de acertos obtida pelos participantes no teste de *Cloze* foi de 22 pontos. É essencial esclarecer que a metade possível de acertos era vinte pontos, uma vez que o teste apresentava quarenta omissões e que nenhum aluno conseguiu acertar todas as lacunas – a pontuação máxima atingida foi de 34 pontos.

Se por um lado parte dos alunos apresentou habilidade de compreensão em leitura, em nível adequado, por outro, sabe-se que essa compreensão poderia ser aprimorada, de forma a permitir o desenvolvimento de um comportamento leitor fluente, criativo e independente. Silva (2004) aborda que falta aos alunos do sexto ao nono ano (antigas quinta a oitava séries) esse tipo de comportamento leitor e que muitas vezes os alunos nessa faixa de escolaridade demonstram uma compreensão com sérias limitações, daí a necessidade de uma estimulação precoce (Fontes & Martins, 2004).

Nessa direção, aponta-se a importância do papel da escola como principal responsável pelo desenvolvimento desse leitor independente. Dias (2000) evidenciou que as crianças incentivadas à leitura e à crítica melhoram o desempenho escolar. Esse fato revela que a leitura poderia ser um facilitador do processo de aprendizagem, visto que é por meio dela que se estuda os conteúdos escolares.

A diferença de desempenho no *Cloze*, considerando o sexo dos participantes, foi evidenciada. Ao que parece, as meninas se saíram melhor na compreensão em leitura. Esse dado corrobora os estudos de Boruchovitch (2001) e de Oliveira e colaboradores (2007). Contudo, a diferença encontrada deve ser pauta de investigações futuras, já que ainda se desconhece uma explicação definitiva para sua ocorrência.

No tocante ao coeficiente intelectual verbal, pode-se dizer que a maior parte das crianças estava entre as classificações médio inferior, médio e médio superior. Poucas tiveram desempenho intelectual verbal considerado superior ou muito superior. Um aspecto interessante é que quatro crianças demonstraram coeficiente intelectual verbal limítrofe. Sem dúvida, uma classificação como essa requer uma atenção mais específica por parte da escola e do professor, para tentar minimizar as dificuldades que esses alunos apresentam.

Nesse sentido, é possível argumentar que um bom coeficiente intelectual verbal é relevante para uma boa compreensão textual, uma vez que as crianças consideradas com melhor capacidade intelectual verbal também são aquelas que, possivelmente, têm um melhor repertório de conhecimentos prévios armazenados (Gilabert & cols., 2005). Portanto, hipotetiza-se que as crianças que se saíram melhor demonstraram uma boa compreensão textual e um melhor raciocínio verbal em tarefas que exigiriam autoconhecimento e monitoramento da própria aprendizagem (Guterman, 2003).

Parece plausível considerar que a compreensão em leitura é um processo dinâmico que exige processamento cognitivo e que é possível que um bom desempenho cognitivo verbal deponha de forma positiva à exibição de uma boa habilidade de compreensão em leitura. Sob essa perspectiva, seria pertinente que, em investigações futuras, seja levantado o processamento cognitivo predominante de cada criança, *bottom-up* ou *top-down* (Nicholson, 1999), de modo a viabilizar medidas interventivas mais específicas à necessidade cognitiva de cada criança.

Quanto à diferença no coeficiente intelectual verbal em razão do sexo, ela não foi estatisticamente significativa. Meninas e meninos apresentaram uma média de pontos muito próxima. Obviamente novas investigações deverão ser realizadas para se estudar melhor as diferenças no coeficiente intelectual verbal nos dois sexos.

A relação entre compreensão em leitura e o coeficiente intelectual verbal foi aferida pelo teste de correlação de *Pearson*. Os dados mostraram relação positiva e significativa entre as variáveis. Weschler (1991) menciona que o indivíduo inteligente agrega diferentes habilidades, se expressando de forma objetiva e racional e sabendo, inclusive, como interagir de forma eficaz com o meio.

Essa perspectiva de se interpretar a inteligência quando aplicada à compreensão em leitura poderia ser entendida pelo fato de o leitor demonstrar boa decodificação, compreensão linguística e contextualização, recorrendo a conhecimentos prévios. O leitor também deve monitorar a própria compreensão de modo a identificar possíveis falhas na compreensão. Esses comportamentos, se estimulados, contribuiriam para que o leitor também apresentasse bom coeficiente intelectual verbal.

Evidentemente, esta pesquisa não pretendeu estabelecer uma relação causal direta entre compreensão em leitura e coeficiente intelectual verbal. A intenção foi explorar uma relação, de qualquer natureza, entre as duas variáveis. Destarte, os resultados obtidos evidenciam que quanto maior a compreensão em leitura, maior é o coeficiente intelectual verbal. Torna-se imprescindível a realização de investigações futuras, visando a aprofundar os dados deste estudo.

Referências bibliográficas

Boruchovitch, E. (2001). Estratégias de compreensão em leitura de alunos do ensino fundamental. *Psicologia Escolar e Educacional*, 5(1), 19-25.

Conselho Nacional de Saúde. *Resolução 196/96. Diretrizes e Normas Regulamentadoras de Pesquisa.* [citado em 19 de outubro de 2005]. Disponível em http://www.conselho.saude.gov.br. Acesso em 13 abr. 2013.

Dias, M. G. B. B. (2000). Raciocínio lógico, experiência escolar e leitura com compreensão. *Psicologia: Teoria e Pesquisa*, 16(1), 55-62.

Dembo, M. H. (2000). *Motivation and Learning Strategies For College Success.* Nova Jersey: Lawrence Erbaum Associates.

Guterman, E. (2003). Integrating Written Metacognitve Awareness Guidance as a Psychological Tool to Improve Student Performance. *Learning and Instruction*, 13, 633-51.

Fini, L. D. T., & Calsa, G. C. (2006). Matemática e afetividade: alunos desinteressados no ensino fundamental? In F. F. Sisto & S. C. Martinelli (Orgs.). *A afetividade e dificuldades de aprendizagem* (pp. 163-80). Campinas: Vetor Editora.

Fontes, M. J. O., & Martins, C. C. (2004). Efeitos da leitura de história no desenvolvimento da linguagem oral de crianças de nível socioeconômico baixo. *Psicologia: Reflexão e Crítica*, 17(1), pp. 83-94.

Gilabert, R., Martínez, G., & Vidal-Abarca, E. (2005). Some Good Text Are Always Better Text Revision to Foster Inferences of Readers With High and Low Prior Background Knowledge. *Learning and Instruction*, 15, 45-68.

Gonida, E., Kiosseoglou, G., & Leondari, A. (2006). Implicit Theories of intelligence, Perceived Academic Competence, and School Achievent: Testing Alternative Models. *American Journal of Psychology*, 119(2), pp. 223-38.

Gunthrie, J. T., Wigfield, A., Barbosa, P., Perenovich, K. C., Taboada, A., Davis, M. H., Scafiddi, N. T., & Tonks, S. (2004). Increasing Reading Comprehension and Engagement Through Concept-Oriented Reading Instruction. *Journal of Education Psychology*, 96(3), pp. 403-23.

Nascimento, E., & Figueiredo, V. L. (2002). A terceira edição das escalas Wechsler de inteligência. In R. Primi (Org.). *Temas em avaliação psicológica* (pp. 61-79). Campinas: IBAP.

Nicholson, T. (1999). Reading Comprehension Processes. In G. B. Thompson & T. Nicholson (Orgs.). *Learning to Read* (pp. 127-49). Newark: IRA.

Oliveira, C. R. G. A., & Souza, R. F. (2000). As faces do livro de leitura. *Caderno CEDES*, 20(52), pp. 25-40.

Oliveira, K. L., Boruchovitch, E., & Santos, A. A. A. (2009). A técnica de *Cloze* na avaliação da compreensão em leitura. In A. A. A. Santos, E. Boruchovitch & K. L. Oliveira (Orgs.). *Cloze: um instrumento de diagnóstico e intervenção* (pp. 47-77). São Paulo: Casa do Psicólogo.

Oliveira, K. L., Boruchovitch, E., & Santos, A. A. A. (2007). Compreensão de leitura em alunos de sétima e oitava séries do ensino fundamental. *Psicologia Escolar e Educacional*, 11(1), pp. 41-9.

Otto, W. (1992). The Role of Research in Reading Instruction. In S. J. Samuels & A. E. Farstrup (Orgs.). *What Research Has to Say About Reading Instruction* (pp. 3-16). Newark: IRA.

Sailor, K. M., & Abreu, Y. (2005). The Nature of Memory Errors For Verbaly Quantified Information. *American Journal of Psychology*, 118(2), pp. 235-50.

Santos, A. A. A. (2004). *Coisas da natureza*. Texto preparado segundo a técnica de *Cloze* para crianças de 5ª a 8ª séries do ensino fundamental. Relatório técnico. Programa de Pós-graduação *Stricto Sensu* da Universidade São Francisco-Itatiba/SP.

Santos, A. A. A.; Boruchovitch, E., & Oliveira, K. L. (Orgs.). (2009). *Cloze: um instrumento de diagnóstico e intervenção.* São Paulo: Casa do Psicólogo.

Silva, V. F. (2004). Estratégias de leitura e competência leitora: contribuições para a prática de ensino em história. *História/São Paulo*, 23(1-2), pp. 69-83.

Sisto, F. F., & Martinelli, S. C. (2006). O papel das relações sociais na compreensão do fracasso escolar e das dificuldades de aprendizagem. In F. F. Sisto & S. C. Martinelli (Orgs.). *A afetividade e dificuldades de aprendizagem* (pp. 13-30). Campinas: Vetor Editora.

Spira, E. G. Bracken, S. S., & Fischel, J. E. (2005). Predicting Improvement After First-Grade Reading Difficulties: The Effects of Oral Language, Emergent Literacy, and Behavior Skills. *Developmental Psychology*, 41(1), 225-34.

Sternberg, R. J. (1987). The Psychology of Verbal Comprehension. In R. Glaser (Org.). *Advances in Instructional Psychology* (pp. 97-151). Hillsdale, NJ: Lawrence Erlbaum Associates.

Sternberg, R. J. (2000). *Psicologia cognitiva.* Porto Alegre: Artes Médicas.

Taylor, W. L. (1953). *Cloze* Procedure: A New Tool For Measuring Read--Ability. *Journalism Quarterly*, 30, 415-33.

Wechsler, D. (1991). *Wechsler Intelligence Scale for Children-Third Edition Manual.* San Antonio: The Psychological Corporation.

Wechsler, D. (2002). *Escala de inteligência Weschler para crianças – WISC III (3ª ed.). Adaptado e padronizado para uma amostra brasileira* (1ª ed.). São Paulo: Casa do Psicólogo.

Witter, G. P. (2004). (Org.) *Leitura e psicologia.* Campinas: Alínea.

Woolfolk, A. (2000). *Psicologia da educação.* Porto Alegre: Artmed.

Capítulo 6

Habilidades metalinguísticas e compreensão de texto

Márcia Maria Peruzzi Elia da Mota
Universidade Salgado de Oliveira e
Universidade do Estado do Rio de Janeiro

Silvia Brilhante Guimarães e Carolina Conti
Universidade Federal de Juiz de Fora

Introdução

Nos últimos anos, observamos um aumento expressivo no número de estudos que investigaram a relação entre a consciência metalinguística e a alfabetização. A consciência metalinguística é considerada a habilidade de refletir sobre a linguagem como objeto do pensamento (Pratt & Grieve, 1984). Dentre as habilidades metalinguísticas, duas se destacam por contribuir para o sucesso na alfabetização: a consciência fonológica e a consciência morfossintática.

A mais estudada é a consciência fonológica, que pode ser definida como a habilidade de refletir sobre os sons que compõem a fala (Cardoso-Martins, 1995). Estudos demonstram que a consciência fonológica ajuda na alfabetização e que o treinamento dessa habilidade favorece na remediação dos problemas de leitura (Bradley & Bryant, 1985; Stanovich, Culmningham & Feemam, 1984; Goswami & Bryant, 1990). Pesquisadores brasileiros também confirmam a importância dessa habilidade para a aquisição da língua escrita no português do Brasil (Capovilla & Capovilla, 2000; Cardoso-Martins, 1995, Guimarães, 2003; Maluf & Barrera, 1997; Santos, 1996).

A consciência fonológica geralmente está associada à decodificação de palavras, pois ajudaria a criança a aprender o princípio alfabético, segundo o qual as letras (grafemas) correspondem aos sons (fonema) da fala. A aquisição desse princípio é de grande importância para que se aprenda a ler e a escrever nas ortografias alfabéticas, porquanto a aprendizagem de um pequeno número de correspondências entre letra e som permitiria a leitura de todas ou quase todas as palavras daquela língua.

Diversos estudos têm demonstrado, no entanto, que a consciência fonológica contribui para outras habilidades de leitura além da alfabetização, por exemplo, para compreensão, à medida que favorece a leitura por meio da utilização de pistas contextuais (Tunmer, 1992). A leitura contextual envolve reconhecer as palavras de um texto e a integração das informações sintático-semânticas nele contidas, assim, envolve também a compreensão do texto.

Esse processo de facilitação que a decodificação oferece ocorre provavelmente porque a automatização da decodificação acelera o processo de reconhecimento das palavras; ou seja, a criança reconhece a pronúncia e o significado das palavras imediatamente ao vê-las, sem investir qualquer atenção ou esforço. Isso, por sua vez, libera espaço da memória para armazenamento do texto, facilitando o processo de compreensão (Stanovich, 1980; Ehri, 2005; Ehri & McCormink, 1998). Dessa forma, a consciência fonológica parece ser uma habilidade importante para compreensão.

A consciência fonológica não é a única habilidade a facilitar o processo de alfabetização. Evidências empíricas vêm sendo obtidas, demonstrando o papel facilitador da consciência morfológica na aquisição da leitura e da escrita (Carlisle, 1988, 1995, 1996, 2000; Deacon & Kirby, 2004; Nagy, Berninger & Abbot, 2006). Consciência morfológica é a habilidade de refletir sobre os morfemas (Carlisle, 1995). Morfemas são as menores unidades linguísticas que têm significado próprio (Carlisle, 1995). O interesse por essa habilidade está intrinsecamente relacionado com sua possibilidade de ajudar na alfabetização, uma vez que a ortografia de muitas palavras depende da morfologia.

Nunes e Bryant (2006) declaram que mediante a reflexão sobre morfemas, a criança pode encontrar maior facilidade em aprender o significado de palavras novas. Dessa forma, diante de um novo vocábulo, o entendimento torna-se mais fácil se o leitor perceber que o termo é formado pela combinação de vários morfemas, cada um com significado próprio – que, ao se juntar, formarão a palavra em questão. Dessa forma, palavras como "açucarada", que tem ortografia ambígua, podem ser escritas de forma correta se soubermos sua origem: "açúcar". Os significados delas podem ser inferidos na leitura, se o leitor souber o significado da palavra que as originou.

Alguns autores defendem que a morfologia e a sintaxe não podem ser entendidas em separado, uma vez que estão intrinsecamente relacionadas (Correa, 2009; Roazzi, Asfora & Queiroga, no prelo). A morfologia envolve a sintaxe, por exemplo, quando se aplica as desinências aos verbos para manter a concordância de uma frase. Opta-se pelo termo "morfossintaxe", que expressa esses dois aspectos e será utilizado ao longo deste capítulo.

Mann (2000) aponta duas razões que justificam por que a consciência morfossintática é importante para a alfabetização. A primeira diz respeito ao fato de que a escrita pode ser analisada em vários níveis, não só o fonológico. Um deles é o nível semiográfico, que implica estabelecer como os grafemas representam os significados das palavras (Marec-Breton & Gombert, 2004). Considerando que os morfemas são unidades de significado, pode-se hipotetizar que a consciência morfológica facilita a aquisição do princípio semiográfico.

Outra razão refere-se mais especificamente à natureza da ortografia estudada. As línguas alfabéticas variam quanto ao grau de correspondência entre as letras e os sons. Algumas línguas são chamadas de "transparentes", pois possuem relações entre letra e som bem diretas e sem ambiguidade, enquanto outras são chamadas de "opacas", pois apresentam muitas palavras que não obedecem a essas regras. É importante ressaltar que a relação encontrada entre o processamento morfológico e a alfabetização usualmente vem de pesquisas realizadas em inglês. Neste idioma, as relações entre letras e sons são mais opacas que em ortografias como o finlandês, o português ou o espanhol. Muitas das irregularidades encontradas no inglês podem ser explicadas pela estrutura morfológica das palavras (Chomsky & Halle, 1968; Sterling, 1992). Por exemplo, no inglês, a palavra *heal* que rima com *il* e a palavra *health* que rima com *elf* têm a mesma origem semântica, por isso são escritas da mesma forma, embora sejam pronunciadas de modos diferentes.

Nas línguas com ortografias mais transparentes, o processamento morfológico não contribui de forma significativa para a aquisição e o processamento da língua escrita, porque a maioria das palavras pode ser escrita aplicando-se o princípio alfabético (Mann, 2000). No entanto, muitos estudos realizados no português vêm demonstrando uma associação entre a consciência morfológica e a língua escrita, já que, apesar de ser considerada uma língua com muitas regularidades entre letra e som, o português também apresenta uma estrutura morfológica complexa (Curvelo, Meireles & Correa, 1998; Mota & Silva, 2007; Mota, Annibal & Lima, 2008; Queiroga, Lins & Pereira, 2006).

Habilidades metalinguísticas e leitura contextual

A importância das habilidades morfossintáticas e fonológicas gerou modelos de como essas habilidades se relacionam aos diferentes aspectos da leitura. Rego e Bryant (1993) argumentaram que as consciências fonológica e morfossintática poderiam contribuir de forma diversa para a leitura e para a escrita. Na escrita, vai-se dos sons da palavra para o processamento gráfico. Nesse caso, há pouca ou nenhuma ajuda do contexto. A habilidade mais importante seria, então, a consciência fonológica, que ajuda na aquisição do princípio alfabético, ajuda na decodificação das palavras. Na leitura, informações visuais, contextuais e fonológicas já são apresentadas no texto. A habilidade de refletir sobre a estrutura sintática das sentenças ajudaria a criança a utilizar pistas contextuais para ler.

A hipótese de Tunmer (1990, 1992) difere da de Rego e Bryant (1993). Para Tunmer, na leitura contextual, pistas grafofonêmicas podem ser utilizadas juntamente com informações contextuais, ajudando a criança a ler. Segundo o autor, a consciência fonológica influenciaria diretamente o processo de decodificação e indiretamente o processo de compreensão. A consciência sintática, por sua vez, afetaria ambos os processos, uma vez que as pistas sintáticas semânticas podem ser usadas tanto para reconhecer palavras novas ou difíceis no texto quanto para monitorar a compreensão. Assim, o processo de reconhecimento de palavras ocorreria quando a criança não reconhecesse uma palavra na frase. Nesse caso, ela poderia usar a decodificação parcial da palavra associada ao contexto para reconhecê-la e, assim, garantiria também a compreensão do texto. Imagine que uma criança lesse a seguinte frase: "Vovó toma o ca**" (os asteriscos referem-se ao pedaço da palavra que a criança não consegue decodificar). O contexto desta frase oferece à criança a informação de que falta um substantivo masculino para completá-la (o artigo "o" define o gênero) e que ele deve se referir a algo que possa ser bebido. Porém, a decodificação parcial da sílaba "ca" mostra que somente bebidas que começam com /ka/ podem ser utilizadas na frase. Nessa perspectiva, tanto a consciência fonológica como a sintática contribuiriam para a leitura contextual. O contexto ajudaria na aquisição de novas regras de correspondência letra-som.

Durante a década de 1960 até os anos 1980 defendeu-se que a leitura deveria prescindir da decodificação e focar na utilização de pistas contextuais. Essa visão fundamentou-se, sobretudo, nos trabalhos de Goodman que foram depois republicados na década de 1980 (Goodman, 1965, 1967, 1982).

Goodman (1965, 1967, 1982) propôs que a leitura deveria ser entendida sob a ótica da psicolinguística. Para ele, a criança tem um rico repertório linguístico, que seria ativado na leitura. Por exemplo, as crianças conhecem desde muito cedo as regras gramaticais de sua língua, se comunicam de forma adequada, entendem a fala e os textos lidos para elas. Na leitura, a criança utilizaria seus conhecimentos linguísticos para compreender os textos escritos. Estes conhecimentos ajudariam a adivinhar as palavras que aparecem no texto, sem necessidade de decodificar as que precisam ser lidas. Para defensores desta abordagem, não depender da decodificação é um aspecto importante. Smith (1971) chama atenção para o fato de que a decodificação de quem começa a ler é lenta, ocupando muito tempo da memória de trabalho. Vamos lembrar que a memória de trabalho tem um componente temporal. O tempo gasto para a decodificação de uma só palavra faria que outras informações presentes no texto fossem esquecidas, dificultando o processo de compreensão deste, podendo tornar a leitura maçante para o leitor iniciante. A leitura com utilização de regras contextuais seria fundamental nesse caso, pois aceleraria o processo de identificação das palavras e a integração do texto.

As práticas pedagógicas na alfabetização influenciadas por essa abordagem valorizam o trabalho com o texto em que se busca seu sentido. O reconhecimento das palavras do texto, em geral, está associado à formação de um vocabulário visual e à utilização de pistas sintático-semânticas para reconhecer as palavras inicialmente não reconhecidas no texto.

Estudos posteriores aos de Goodman (1982) e Smith (1971), sobretudo os de Nicholson (1986, 1991, 1993), Tunmer (1990), Stanovich (1980), Shankweiler e Fowler (2004), demonstraram que, ao contrário do que Goodman e Smith pensavam, a decodificação eficiente é um importante aspecto da aquisição da leitura.

Ryder, Turnmer e Greaney (2008), por exemplo, verificaram se a instrução explícita sobre os aspectos fonêmicos, habilidades de decodificação, seria eficaz na intervenção com crianças com dificuldades na aprendizagem. Os resultados demonstraram que o grupo de intervenção apresentou desempenho excepcional em relação ao grupo de controle, especialmente nas medidas de consciência fonêmica, decodificação de pseudopalavras, reconhecimento de palavras livres do contexto e de compreensão de leitura. Posteriormente, as crianças não só mantiveram os efeitos positivos da aprendizagem, mas ampliaram suas capacidades para a leitura de palavras no contexto. No entanto, este estudo apresenta limitações quanto aos aspectos sintáticos, que não foram controlados.

Em consonância com o argumento que temos apresentado neste capítulo, os estudos de Ryder, Turnmer e Greaney (2008) e de Stanovich (1980) ressaltam que embora as pistas contextuais sejam utilizadas na leitura, os bons leitores (aqueles com maior facilidade de compreender) são justamente os decodificadores mais eficientes. Bons leitores não são tão dependentes do contexto, pois decodificam bem as palavras. Os leitores principiantes e os maus leitores compensam suas deficiências dependendo mais das pistas contextuais.

Assim, a utilização de pistas contextuais parece ser importante para o leitor principiante ou para crianças com dificuldades em leitura, que precisam se valer do contexto para auxiliá-las na leitura, uma vez que têm dificuldade na decodificação das palavras. Leitores eficientes, por sua vez, parecem ter menos dependência do contexto e ser melhores na decodificação (Nicholson, 1986; Stanovich, 1980).

Rego e Bryant (1993) testaram a hipótese de que diferentes estratégias de leitura e escrita estão associadas a diferentes habilidades metalinguísticas em crianças inglesas. Os autores verificaram que, embora a consciência fonológica e a sintática contribuíssem para uma porção significativa na variância em testes de leitura, no caso da escrita, somente a consciência fonológica contribuía de forma estatisticamente significativa.

Posteriormente, Rego (1995) realizou um estudo longitudinal com crianças brasileiras, no qual investigou a contribuição da consciência sintática para a leitura de palavras isoladas e contextualizadas. Para isso, utilizou o teste de *Cloze*, que envolve a leitura de um pequeno texto. Nesse texto, algumas palavras são omitidas, e as crianças têm que completar as sentenças com a palavra correta. O estudo também mediu a consciência sintática por meio de uma tarefa que avaliava a habilidade das crianças em ordenar palavras desordenadas em uma frase. Cerca de um ano mais tarde, a autora mediu, ainda, a habilidade das crianças em ler pseudopalavras, listas de palavras e palavras inseridas em um contexto. A leitura de pseudopalavras só pode ser feita por correspondência letra-som. Assim, se a consciência sintática contribuísse para a decodificação na leitura, então os escores na tarefa de consciência sintática deveriam predizer os escores na tarefa de leitura de pseudopalavras.

Os resultados das correlações feitas entre as diversas medidas tomadas por Rego (1995) mostraram que a medida de consciência sintática correlacionou-se de forma estatisticamente significativa e positiva com a tarefa de leitura no contexto, mas não com a tarefa de leitura de palavras na lista nem de pseudopalavras. O resultado da regressão múltipla que avaliou a contribuição dos escores na tarefa de consciência sintática para a leitura contextual um ano depois foi estatisticamente significativo, mesmo depois de serem controlados a idade e os escores na tarefa de memória de trabalho. Por outro lado, Rego não encontrou correlações significativas entre consciência fonológica e leitura de palavras inventadas e de compreensão de texto. Esse resultado sugeriu que a prática pedagógica utilizada com essas crianças foi eficiente apenas para o processo de decodificação, sendo que o mesmo não se pode dizer da compreensão textual.

Rego (1995) concluiu que em línguas alfabéticas, quando as crianças são ensinadas pelo método silábico (como foi o caso das estudadas por ela), a sensibilidade fonológica parece não ser relevante para a leitura contextual. Porém, se as crianças são ensinadas explicitamente a refletir sobre unidades de som das palavras, seria esperado que elas generalizassem esse conhecimento para outras unidades de som que compõem a palavra. Uma explicação alternativa para os resultados de Rego (1995) diz respeito a um possível viés metodológico. No estudo mencionado, a autora utilizou apenas uma tarefa de consciência fonológica, uma tarefa de aliteração. Esta pode não ter sido uma boa medida de consciência fonológica para essa faixa etária.

Mota e Santos (2009) investigaram a relação entre a consciência fonológica e a leitura contextual em crianças do segundo e do terceiro ano do ensino fundamental. A consciência fonológica foi medida por duas tarefas, uma de rima e outra de aliteração; já a leitura contextual, pelo teste de *Cloze*. Embora as duas tarefas tenham apresentado correlações positivas e significativas com a leitura contextual, a tarefa de rima manteve sua contribuição depois de ter sido controlado o efeito da idade, o que não ocorreu com a aliteração. Dessa forma, os resultados oferecem alguma evidência que parece confrontar a teoria de Goodman (1965, 1967), a qual sugere que as práticas de ensino da leitura e da escrita não devem envolver o ensino das regras de correspondência entre letra e som.

Em um estudo posterior, Mota et al. (no prelo) se propuseram a investigar a relação entre a consciência fonológica, morfológica e a leitura contextual em um estudo longitudinal. A relação entre o processamento da morfologia derivacional e a leitura contextual um ano mais tarde foi demonstrada pelos índices de correlação obtidos. Embora os coeficientes de correlação tenham sido fracos, foram positivos e significativos entre medidas de consciência morfológica e a leitura contextual medida um ano mais tarde. Esses resultados se mantiveram quando foram controlados os níveis iniciais de leitura e de consciência fonológica para ao menos uma das medidas de consciência morfológica.

Esses resultados sugerem que a relação entre o processamento morfológico e o desenvolvimento da leitura contextual é específica. Em outras palavras, independente do nível de leitura ou consciência fonológica inicial, a consciência morfológica contribuiu para a leitura. Os resultados não corroboraram a hipótese de Tunmer (1990, 1992) de que o processamento fonológico contribui para leitura contextual. Porém, uma nota de cautela foi emitida pelos autores: outras medidas de consciência fonológica precisariam ser usadas para confirmar esses resultados. As crianças nos estudos de Mota (Mota & Santos, 2009; Mota et al., no prelo) eram mais velhas que aquelas nos estudos de Rego (1995). Nessa etapa da alfabetização as crianças podem depender menos do processamento fonológico para escrita. Tarefas como rima e aliteração, usadas pelas autoras, podem não ser sensíveis o suficiente para discriminar a consciência fonológica das crianças.

De fato, em outro estudo, realizado como parte da dissertação de mestrado de uma das autoras deste capítulo, investigaram-se as relações entre a consciência fonológica e a consciência morfológica e a leitura no teste de *Cloze*. A medida de consciência fonológica foi uma adaptação por Santos (1996) do *oddity test* de Bradley e Bryant, que investigava rima, aliteração e som medial. Utilizando-se essa medida, observou-se que tanto a consciência morfológica como a fonológica contribuíram para a leitura no contexto. Esses e os demais resultados apresentados oferecem evidências de que a decodificação tem um papel importante na leitura contextual.

Considerações finais

Diante das apreciações descritas neste capítulo sobre as habilidades metalinguísticas (consciência fonológica e morfológica) e a leitura, percebemos que esta última não se limita apenas à capacidade de reconhecer palavras, mas envolve o exercício do leitor de refletir sobre o conteúdo escrito. Nesse sentido, ambos os processos se complementam, permitindo ao leitor estabelecer uma relação de comunicação entre ele e o texto.

Desse modo, a leitura envolve uma série de operações cognitivas, dentre as quais destaca-se o papel das habilidades metalinguísticas, mais especificamente, o da consciência morfossintática. Diversos estudiosos têm investigado a influência dessa habilidade no processo de alfabetização, entretanto, essa área necessita de maiores aprofundamentos para que possamos delinear uma proposta consistente de desenvolvimento da leitura sob as influências dos processos metalinguístico.

No caso específico da leitura contextual, os dados dos estudos aqui discutidos apontam uma intrincada relação entre o processamento fonológico e morfológico. Todavia, são necessárias mais pesquisas de características longitudinais e de intervenção dentro do contexto educacional brasileiro para sustentar os resultados. Só então poderemos compreender as nuanças das influências de cada habilidade metalinguística no processo de alfabetização e, com isso, traçar orientações que promovam aprendizagens significativas nas crianças e nos jovens de nosso país.

Referências bibliográficas

Barrera, S., & Maluf, M. R. (2003). Consciência metalinguística e alfabetização: um estudo com crianças da primeira série do ensino fundamental. *Revista Psicologia: Reflexão e Crítica*, 16(3), 491-502.

Bradley, L., & Bryant, P. (1985). *Children's Reading Problem*. Oxford: Basil Blackwells.

Capovilla, A., & Capovilla, F. (2000). Efeitos do treino de consciência fonológica em crianças com baixo nível sócio-econômico. *Psicologia: Reflexão e Crítica*, 13(1), 7-24.

Cardoso-Martins, C. (1995). *Consciência fonológica e alfabetização*. Petrópolis: Vozes.

Carlisle, J. (1988). Knowledge of Derivational Morphology and Spelling Ability in Fourth, Six, and Eight Graders. *Applied Psycholinguistics*, 9, 247-66.

Carlisle, J. (1995). Morphological Awareness and Early Reading Achievement. In L. Feldman (Ed.). *Morphological Aspects of Language Processing* (pp.189-211). Hillsdale: Lawrence Erlbaum Associates.

Carlisle, J. (1996). An exploratory Study of Morphological Errors in Children's Written Stories. *Reading and Writing: An Interdisciplinary Journal*, 8, 61-72.

Carlisle, J. (2000). Awareness of the Structure and Meaning of Morphologically Complex Words: Impact on Reading. *Reading and Writing: An Interdisciplinary Journal*, 12, 169-90.

Chomsky, N., & Halle, M. (1968). *The Sound Patterns of English*. Nova York: Harper & Row.

Correa, J. (2009). Habilidades metalinguísticas relacionadas à sintaxe e à morfologia. In Mota, M. (Org.). *Desenvolvimento metalinguístico: questões contemporâneas* (pp. 55-76). São Paulo: Casa do Psicólogo.

Curvelo, C., Meireles, E., & Correa, J. (1998). O conhecimento ortográfico da criança no jogo da forca. *Psicologia: Reflexão e Crítica*, 11(3), 467-80.

Deacon, S., & Kirby, J. (2004). Morphological Awareness: Just "More Phonological"? The Roles of Morphological and Phonological Awareness in Reading Development. *Applied Psycholinguistics*, 25, 223-38.

Ehri, L. C. (2005). Development of Sight Word Reading: Phases and Findings. In M. Snowling & C. Hulme (Orgs.). *The Science of Reading: a Handbook.* Malden, MA: Blachwell Publishing.

Ehri, L. C., & McCormick, S. (1998). Phases of Word Learning: Implications for Instruction with Delayed and Disabled Readers. *Reading and Writing Quarterly,* 14(2), 135-64.

Goodman, K. (1965). A Linguistic Study of Cues and Mescues in Reading. *Elementary English,* 42, 639-43.

Goodman, K. (1967). Reading: A Psycholinguistic Guessing Game. *Journal of the Reading Specialist,* 6(4), 126-35.

Goodman, K. (1982). *Language and Literacy: The Selected Writings of Kenneth S. Goodman.* Boston: Routledge and Kegan Paul.

Goswami, U., & Bryant P. (1990). *Phonological Skills and Learning to Read.* 1ª ed. Londres: Lawrence Erlbaun Associates.

Guimarães, S. (2003). Dificuldades no desenvolvimento da lectoescrita: o papel das habilidades metalinguísticas. *Psicologia: Teoria e Pesquisa,* 19(1), 33-45.

Maluf, M. R. & Barrera, S. D. (1997). Consciência fonológica e linguagem escrita em pré-escolares. *Psicologia: Reflexão e Crítica,* 10, 125-145.

Mann, V. (2000). Introduction to Special Issue on Morphology and the Acquisition of Alphabetic Writing Systems. *Reading and Writing: an Interdisciplinary Journal,* 12, 143-7.

Marec-Breton, N., & Gombert, J. (2004). A dimensão morfológica nos principais modelos de aprendizagem da leitura. In M. R. Maluf (Ed.). *Psicologia educacional: Questões contemporâneas* (pp. 105-22). São Paulo: Casa do Psicólogo.

Mota, M., Annibal, L., & Lima, S. (2008). A morfologia derivacional contribui para a leitura e escrita no Português? *Psicologia: Reflexão e Crítica,* 21(2), 311-8.

Mota, M., & Santos, A. (2009). O papel da consciência fonológica na leitura contextual medida pelo teste de *Cloze. Estudos de Psicologia (RN),* 14(3), no prelo.

Mota, M., & Silva, K. (2007). Consciência morfológica e desenvolvimento ortográfico: um estudo exploratório. *Psicologia em Pesquisa,* 1(2), 86-92.

Nagy, W., Berninger, V., & Abbot, R. (2006). Contributions of Morphology Beyond Phonology to Literacy Outcome of Upper Elementary and Middle-School Students. *Journal of Educational Psychology*, 98(1), 134-47.

Nunes, T., & Bryant, P. (2006) (Org.). *Improving Literacy by Teaching Morphemes.* Nova York: Routledge.

Nilcholson, T. (1986). Reading is Not Guessing Game the Great Debate Revited. *Reading Psychology: An International Journal*, 7(3), 197-210.

Nicholson, T. (1991) Do Children Read Words Better in Context or in Lists? A Classic Study Revisited. *Journal of Educational Psychology*, 83(4), 444-50.

Nicholson, T. (1993). The Case Against Context. In G. Thompson, W. Tunmer & T. Nicholson (Orgs.). *Reading Acquisition Processes.* (pp. 91-103). Clevedon: Multilingual Matters.

Pratt, C., & Grieve, R. (1984). The Development of Metalinguistic Awareness: An Introduction. In W. E. Tunmer, C. Pratt & M. L. Herriman (Orgs.). *Metalinguistic Awareness in Children: Theory, Research and Implications* (pp. 2-11). Nova York: Springer-Verlag.

Queiroga, B., Lins, M., & Pereira, M. (2006). Conhecimento morfossintático e ortografia em crianças do ensino fundamental. *Psicologia: Teoria e Pesquisa*, 22(1), 95-9.

Rego, L. (1995). Diferenças individuais na aprendizagem inicial da leitura: papel desempenhado por fatores metalinguísticos. *Psicologia: Teoria e Pesquisa*, 11(1), 51-60.

Rego, L., & Bryant, P. (1993). The Connections Between Phonological, Syntactic and Semantic Skills and Children's Reading and Spelling. *European Journal of Psychology*, 3, 235-46.

Ryder, J., Tunmer, W., & Greaney, K. (2008). Explicit Instruction in Phonemic Awareness and Phonemically Based Decoding Skills as an Intervention Strategy For Struggling Readers in Whole Language Classrooms. *Reading and Writing: an Interdisciplinary Journal*, 21, 349-69

Santos, A. A. A. (1996). A influência da consciência fonológica na aquisição da leitura e da escrita. In F. F. Sisto, G. C. Oliveira, L. D. T. Fini, M. T. C. C. Souz & R. P. Brenelli (Orgs.). *Atuação psicopedagógica e aprendizagem escolar* (pp. 213-47). Petrópolis: Vozes.

Shankweiler, D., & Fowler, A. E. (2004). Questions People Ask About the Role of Phonological Processes in Learning to Read. *Reading and Writing: An Interdisciplinary Journal*, 17, 483-515.

Smith, F. (1971). *Understanding Reading.* Nova York: Holt, Rinehart & Winston.

Stanovich, K. (1980). Towards an Interactive Compensatory Model of Individual Differences in the Development of Reading Fluency. *Reading Research Quarterly*, 1, 33-71.

Stanovich, K., Cunningham, A., & Feemam, D. (1984). Relation Beteween Early Rading Asquisition and Word Decoding With and Without Contex: A Longitutudinal Study of First-Grade Children. *Journal of Education Psychology*, 76, 668-77.

Sterling, C. (1992). Introduction to the Psychology of Spelling. In C. Sterling & C. Robson (Orgs.). *Psychology, Spelling & Education.* (pp. 1-15). Adelaide: Multilingual Matters.

Tunmer, W. (1990). The Role of Language Prediction Skills in Beginning Reading. *New Zealand Journal of Educational Studies*, 25(2), 95-112.

Tunmer, W. (1992). Phonological Processing and Reading Recovery: A Reply to Clay. *New Zealand Journal of Educational Studies*, 27, 203-17.

Capítulo 7

O processo de ensino-aprendizagem da leitura e o uso de estratégias metacognitivas na compreensão de textos

Luciana Ribeiro Pinheiro e
Sandra Regina Kirchner Guimarães
Universidade Federal do Paraná

Introdução

O ato de ler pode ser entendido como um processo de (re)construção de significados de um texto a partir de ações interativas, conscientes e/ou inconscientes, exigindo o uso de diferentes estratégias e recursos cognitivos. A leitura é uma atividade complexa, que exige compreensão lógica e coerente das informações textuais que interagem dinamicamente com os conhecimentos prévios do leitor.

Ao mesmo tempo que a leitura tornou-se uma disciplina de ensino, é também um instrumento de aprendizagem das outras áreas de conhecimento. A competência nessa atividade relaciona-se intimamente com o sucesso escolar (Alliende & Condemarín, 2005). No entanto, a situação do aprendizado da leitura difere radicalmente do aprendizado da linguagem oral, que as crianças aprendem a partir de uma exposição natural e espontânea no decorrer do desenvolvimento linguístico. O simples contato com a linguagem escrita não é suficiente para que elas aprendam a ler, e a leitura, por sua vez, requer o desenvolvimento de habilidades específicas a partir de um ensino sistemático (Gombert, 2003; Maluf, 2005).

A experiência aponta um número expressivo de crianças do ensino fundamental que apresentam dificuldades na língua escrita, o que resulta em baixo rendimento acadêmico (Guimarães, 2005). Essa realidade sugere uma discussão acerca dos processos relativos ao ensino-aprendizagem da leitura, na qual se pressupõe a necessidade de torná-los responsabilidade de todos os professores. Afinal, o aluno só alcançará êxito escolar nas diferentes áreas do conhecimento a partir de um ensino sistematizado da leitura que o faça um leitor proficiente (competente).

A leitura constitui um veículo fundamental de progressão acadêmica. Assim, por meio deste trabalho, pretendemos contribuir com a reflexão sobre o processo de ensino-aprendizagem da leitura e o uso de estratégias metacognitivas na compreensão de textos em diferentes disciplinas do ensino fundamental. Destacaremos as concepções de professores[1] sobre esse tema e apontaremos a relevância das habilidades de leitura como possibilitador do desenvolvimento educacional e sociocognitivo dos educandos.

Abordagens de ensino e processamento de informações na leitura

Os mecanismos integrantes dos processos que regem as habilidades necessárias ao ato de ler são estudados a partir de três concepções que abarcam as pesquisas atuais contribuindo para a compreensão do ensino-aprendizagem da língua escrita. O que se verifica hoje é que diferentes enfoques sobre a linguagem escrita têm gerado modelos teóricos antagônicos, que são irreconciliáveis, pois se originam de pressupostos epistemológicos opostos. De acordo com Cunningham e Fitzgerald (1996), as principais divergências relacionam-se à concepção sobre a origem e a localização do significado na linguagem escrita, à importância relativa dos dados sensoriais e da informação mental para produzir ou recuperar

1 Professores participantes da pesquisa de mestrado da primeira autora sob orientação da segunda autora.

o significado e, finalmente, ao desacordo a respeito de ser o significado descoberto ou criado. Assim, localiza-se, em um extremo, a concepção que considera o texto e o leitor como partes de um sistema social no qual o significado é produzido. A (re)construção do significado do texto é essencialmente um processo mental. Portanto, o leitor é percebido não como um simples decodificador, mas assume um papel atuante, que busca significações. Modelos de leitura e de escrita baseados nesta concepção destacam o papel da consciência sintática e semântica no desenvolvimento da leitura e da escrita e consideram secundário o papel dos processos cognitivos subjacentes (ex.: processamento fonológico). Para esses modelos (comumente chamados *top-down*), as dificuldades de leitura estão inicialmente relacionadas com a pouca capacidade de usar o contexto (sentido do texto) produtivamente.

No extremo oposto tem-se a concepção que considera a escrita apenas um código para transcrever o discurso. O significado é uma propriedade do discurso, e não do texto escrito. De acordo com esta concepção, tanto a produção do significado pelo autor como a reprodução (captação) do significado pelo leitor são resultado da atividade de módulos cognitivos localizados no cérebro. Texto e leitor são completamente separados, sendo o primeiro utilizado para transmitir mensagens entre emissor e receptor, e o papel do leitor é apenas reconhecer os sinais gráficos e transformá-los em discurso. Logo, pode-se dizer que, para esta concepção, o significado já está dado no texto e deve ser descoberto. Modelos de leitura e de escrita, baseados nesta concepção, destacam a consciência fonológica como um fator cognitivo decisivo no desenvolvimento da leitura e da escrita. Segundo esses modelos (*bottom-up* [ou ascendente]), as dificuldades de leitura encontram-se nos problemas que os sujeitos apresentam em relação à análise fonológica.

Entretanto, constata-se que, diante de evidências empíricas confirmando e infirmando ambos os modelos, foram propostos outros modelos teóricos, ou seja, modelos interativos. Esses modelos fundamentam-se em uma posição epistemológica intermediária entre os extremos defendidos pelos enfoques anteriormente descritos e propõem um mecanismo que permite a interação entre o sujeito e o objeto, resolvendo, desse modo, a contradição epistemológica.

Esses modelos teóricos sobre o processamento da língua escrita distinguem-se a partir das explicações sobre os processos realizados durante a atividade de leitura e de compreensão de textos. Cada um deles segue diferentes linhas de raciocínio, determinando e verificando o objeto central de investigação e apresentando, a partir dos resultados dessas pesquisas, os processos usados na atividade de leitura.

O modelo *bottom-up* ressalta que a leitura é sempre processada a partir de suas unidades menores. Podemos exemplificá-lo com os métodos sintéticos que partem da análise dos elementos mais simples da língua para os mais complexos, em um processo cumulativo em que o aluno aprende primeiro cada elemento que constitui as palavras (as letras, os fonemas ou as sílabas) e, depois, combina esses elementos (síntese) para formar "unidades linguísticas" mais complexas e significativas, como as palavras, as frases, os parágrafos, os textos.

As propostas pedagógicas fundamentadas nos modelos de orientação ascendente valorizam as habilidades de decodificação por acreditar que a compreensão de um texto como um todo se torna mais eficiente apenas quando as palavras são lidas corretamente e com certa rapidez. Por isso, essa concepção destaca a consciência fonológica como um fator cognitivo decisivo no desenvolvimento da leitura, defendendo que, frente ao material escrito, o leitor deve, em primeiro lugar, discriminar visualmente letras, sílabas e palavras para depois relacioná-las aos sons (decodificação). Ainda de acordo com esta concepção, só após a decodificação total das palavras do texto é que o leitor conseguirá compreendê-lo (Solé, 2003).

Enfantizando a importância da consciência fonológica como uma habilidade metalinguística imprescindível para a aquisição da língua escrita, Guimarães (2005, p. 24) afirma que "quanto mais desenvolvida a consciência fonológica da criança, maior a possibilidade de aprendizagem da leitura e da escrita". Além disso, a partir de evidências de que o treinamento da consciência fonológica exerce influência benéfica na aprendizagem da linguagem escrita, Capovilla e Capovilla (2009, p. 32) defendem esses tipo de trabalho com os escolares afirmando que é "possível efetivamente operar sobre a consciência fonológica com custos muito baixos e, assim, diminuir as dificuldades de aquisição de leitura e escrita".

Entretanto, embora alguns métodos pedagógicos enfatizem a decodificação como habilidade essencial e quase que suficiente para a leitura e sua compreensão, Gombert (2003) adverte que

> [...] todos os resultados convergem, mostrando que a decodificação e um certo grau de facilidade na identificação de palavras são necessários à compreensão em leitura, mas isso não é suficiente. Além da decodificação, a leitura supõe, enquanto ela não é totalmente automática, um controle dos tratamentos que levam à compreensão. (p. 48)

Por outro lado, os modelos de processamento da informação na leitura de orientação descendente (*top-down*) defendem que o leitor não realiza o procedimento sequencial letra por letra nem palavra por palavra durante a atividade de leitura. Na concepção de Smith (2003) e Foucambert (1994), para se tornar um leitor fluente, o aprendiz precisa aprender a utilizar o contexto do texto, o que inclui diferentes informações visuais e seus conhecimentos prévios. O aprendizado da leitura se dá a partir da automatização de mecanismos que identificam palavras em um contexto. Nessa perspectiva, o aprendizado da leitura não depende da memorização de letras, de regras fonéticas nem mesmo de um grande vocabulário.

Pode-se dizer que o leitor processa a escrita como uma linguagem exclusiva para os olhos – totalmente ideográfica –, procedendo, assim, fixações muito mais amplas, sendo que a unidade básica apreendida remete diretamente a um significado. Assim, antecipa o sentido do que vai encontrar, formulando hipóteses, e segue em busca de um mínimo de índices para verificá-las – uma espécie de escaneamento de pistas conceituais –, podendo conferir se o significado que antecipou está ou não coerente com o proposto pelo texto (Foucambert, 1994, p. 29).

Os autores que apoiam o modelo de orientação descendente (*top-down*) defendem que as diferenças de competência na leitura entre indivíduos devem-se à maior ou menor utilização que o indivíduo faz das informações visuais, sintáticas e semânticas (Guimarães, 2005).

Nessa vertente, a leitura pode ser caracterizada como um "jogo de adivinhações psicolinguístico" (Goodman, 1987, p. 11), cujo objetivo é, antes de mais nada, a busca do significado.

Os métodos de ensino fundamentados no processamento *top-down* (descendente) caracterizam-se por iniciar o processo de alfabetização enfocando os elementos de significação da língua, ou seja, palavras, frases, parágrafos e textos. O aprendiz deverá, primeiro, ser capaz de perceber globalmente cada elemento significativo e, só depois, sua atenção poderá ser conduzida para as unidades mínimas que constituem esses elementos significativos. Os métodos globais são exemplos desse modelo de ensino.

O modelo *interativo* ultrapassa a proposta dos outros dois modelos por integrá-los, fazendo uma síntese dos enfoques apresentados. Nessa perspectiva, tanto o texto quanto o autor são muito importantes para o processo da leitura, não havendo hierarquia entre esses. Assim, o domínio das habilidades de decodificação se encontra no mesmo nível de importância da utilização dos conhecimentos prévios realizados pelo leitor. A decodificação não é mera ação mecânica, mas, sim, uma busca de significações que visa a comprovar hipóteses, predições ou inferências realizadas antecipadamente.

Segundo esse modelo, o significado é produzido na interação entre as informações extraídas dos caracteres gráficos provenientes do texto e o conhecimento prévio do sujeito. Consequentemente, no processo interativo são consideradas relevantes as contribuições tanto dos dados sensoriais quanto da atividade mental (a partir das expectativas determinadas pelo contexto e das experiências prévias do leitor). Assim, o significado é construído na interação texto-leitor, ou seja, é descoberto e criado pelo sujeito.

A leitura, então, pode ser entendida como um processo no qual o indivíduo elabora e verifica suas previsões constantemente e que o leva à construção de uma interpretação. O leitor não pode ser considerado passivo. Ele passa a ser visto como um indivíduo ativo cuja capacidade de utilizar seus conhecimentos e suas leituras de mundo é fundamental para interagir com as ideias do autor (Solé, 1998).

O sucesso ou o fracasso na aprendizagem da língua escrita direciona muitos pesquisadores a questionar sobre a eficácia de cada modelo de processamento de informação que fundamenta os métodos de ensino. No entanto, a provável causa para o sucesso ou o fracasso pode estar relacionada não necessariamente com o modelo de processamento que embasa o método, mas com a maneira como estão submetidos os trabalhos pedagógicos. É importante salientar que os problemas de aprendizagem podem não estar relacionados com um ou outro método de ensino em específico. Maluf (2005) defende que:

> Há formas muito diversas de ensinar. Com todas as metodologias, as pessoas acabam por aprender a ler e a escrever, pois muitas variáveis interferem. O estudo da teoria e da prática da alfabetização não deve se misturar com a metodologia da alfabetização. O método não é mais que uma dessas variáveis. Todos os métodos acabam por funcionar e todos têm suas vantagens e desvantagens. É preciso saber o que funciona melhor com estes professores, estas crianças, esta realidade. (p. 76)

Na verdade, podemos pressupor que cada uma das abordagens oferece possibilidades de ensino eficaz. No entanto, diante da atual realidade escolar cuja diversidade de educandos faz que não haja mais condições educacionais de manutenção de uma estrutura pedagógica inflexível, consideramos que as propostas embasadas no modelo interativo abarquem com uma gama maior de situações, colaborando de forma mais expressiva com o ensino da linguagem escrita.

Apresentando uma proposta multidirecional, o campo teórico interativo analisa as diferentes habilidades e as múltiplas possibilidades de leituras que um mesmo indivíduo pode realizar, dependendo das exigências e dos objetivos propostos pelo texto e das competências já alcançadas pelo leitor. Portanto, essa concepção abarca com o desenvolvimento de estratégias cognitivas e metacognitivas necessárias a uma leitura proficiente.

Estratégias cognitivas e estratégias metacognitivas na compreensão de textos

O papel da cognição na atividade de leitura refere-se à mobilização das funções psíquicas e psicomotoras que possibilitam a execução das ações empreendidas. A metacognição diz respeito a planejamento, monitoramento, controle e avaliação das ações de forma consciente e deliberada, buscando a eficiência (Paula & Leme, 2003). Entende-se por estratégias de leitura o domínio das escolhas que o leitor realiza para alcançar as metas e os objetivos desejados (Solé, 1998).

As estratégias de leitura são subdivididas ou classificadas em dois grupos: as *estratégias cognitivas* – são as operações que o leitor realiza inconscientemente, com a finalidade de atingir algum objetivo de leitura. Essas estratégias permitem ao leitor uma grande eficiência na leitura, exceto quando há uma situação que foge aos padrões esperados pelo leitor; e as "*estratégias metacognitivas* seriam aquelas operações (não regras), realizadas com algum objetivo em mente, sobre as quais temos controle consciente, no sentido de sermos capazes de dizer e explicar a nossa ação" (Kleiman, 2004, p. 50).

As estratégias metacognitivas coordenam e monitoram as estratégias cognitivas envolvidas na atividade de leitura (Kato, 2002). Jou e Sperb (2006), baseando-se em Balkey e Spencer (2000), apresentam três tipos de estratégias consideradas básicas quanto às atividades metacognitivas: relacionar novas informações às já existentes; selecionar estratégias de pensamento de acordo com os objetivos; planejar, monitorar e avaliar os pensamentos.

A relevância das estratégias metacognitivas está relacionada com a capacidade do indivíduo em monitorar ou regular seu próprio conhecimento. Desta forma, controlar sua aprendizagem mediante a análise crítica, consciente, sendo capaz de identificar o que aprendeu e o que não aprendeu, representa um forte recurso no processo de aprendizagem. As estratégias metacognitivas podem ser entendidas como ações de automonitoramento, ou ainda, operações que possibilitam à consciência compreender a própria consciência. São ações que viabilizam o pensar, o refletir, o analisar os próprios pensamentos, as atitudes, as decisões, os percursos cognitivos.

O monitoramento do próprio processo de aprendizagem é apontado como essencial ao sucesso acadêmico e para a tomada de decisões e realização de ações cotidianas dos aprendizes. No Brasil, muitos pesquisadores (Bouruchovich, 2001; Jou & Sperb, 2006, 2008; Daves, Nunes & Nunes, 2005; Dias e Calsa, 2003; Cantalice, 2004; Dias, Morais & Oliveira, 1995; Joly, 2001; Joly & Cantalice, 2004) ressaltam a importância das estratégias metacognitivas, apontando que os educandos que mais se destacam academicamente, de ensino fundamental, ensino médio ou ensino superior, são aqueles que apresentam maior capacidade de monitoramento da compreensão na leitura, fazendo uso de diferentes estratégias. No entanto, mesmo diante das pesquisas realizadas, os educadores pouco incentivam o uso de estratégias metacognitivas como recurso facilitador ou auxiliar da compreensão de textos, conforme constatou Pinheiro (2007). É preciso salientar que, na pesquisa de Pinheiro (2007), constatou-se que os professores participantes consideram o engajamento de todos eles muito importante para o desenvolvimento dos educandos na leitura proficiente, mas declararam a falta de preparo profissional para tanto.

Diante desse quadro, muitos professores não identificam em suas práticas as operações mentais executadas por seus alunos e que se caracterizam como atividades e/ou estratégias de leitura, na medida em que não são atividades exclusivas da disciplina de língua portuguesa, mas transversais a todas as disciplinas.

Nesse sentido, serão apresentadas as estratégias que Jolibert (1994, p. 141) relaciona com as atividades de leitura.

1. identificar, isolar/relacionar, combinar, comparar, triar, classificar e seriar;
2. induzir e deduzir;
3. emitir hipótese e conferi-las;
4. simbolizar, codificar, esquematizar e representar;
5. reproduzir, transformar, transpor e inventar;
6. memorizar e reinvestir etc.

É necessário que os professores atentem para essas estratégias, usando-as como elementos pedagógicos fundamentais para o desenvolvimento na leitura. Davis, Nunes & Nunes (2005) afirmam que o fracasso que as crianças e os adolescentes enfrentam na escola resulta da falta de métodos de trabalho, de motivação e de persistência nas tarefas. O agravante relaciona-se com o fato de os educandos não conseguirem ser sujeitos de sua própria aprendizagem. Assim, o ensino deve centrar-se no empenho para propiciar o esforço cognitivo e o desenvolvimento de habilidades metacognitivas a fim de que seja alcançada a independência intelectual indispensável à cidadania.

Diante da complexidade na leitura, o leitor recorrerá a mais de uma estratégia metacognitiva. Estas, portanto, são procedimentos de caráter elevado subjacentes aos objetivos propostos e capazes de planejar ações com finalidades específicas. São flexíveis o bastante para adequar-se às necessidades e torná-las superáveis. No entanto, as estratégias metacognitivas não surgem ao acaso, não se desenvolvem espontaneamente e não amadurecem de forma natural. Por tais motivos, torna-se imprescindível a atuação do professor como mediador no processo de desenvolvimento de habilidades metacognitivas.

Concepções de professores do ensino fundamental sobre o ensino da leitura e o uso de estratégias metacognitivas

O ensino da leitura precisa se tornar objeto de conhecimento de todos os professores. É necessário que as estratégias de leitura sejam ensinadas de forma sistematizada, contextualizada e significativa para que o educando se torne um leitor autônomo e competente, percebendo a leitura como uma atividade que possui funcionalidade social (Ferreira & Dias, 2002). É importante que o ensino da leitura seja realizado a partir da explicação do professor – auxílio fundamental no processo de aprendizagem. O educando deve aprender a utilizar estratégias que favoreçam o controle e a avaliação da atividade leitora, mobilizando-as de acordo com a variedade de situações impostas pela leitura (Solé, 1998).

A partir das oportunidades que teve nos últimos anos de oferecer cursos de leitura para os professores, Kleiman (2004, p. 7) afirma que "embora preocupados por que seus alunos não gostam de ler, [os professores] não sabem como promover condições em sala de aula para o desenvolvimento do leitor. Isso porque nunca tiveram uma aula teórica sobre a natureza da leitura, o que ela é, que tipo de engajamento intelectual é necessário, em quais pressupostos de cunho social ela se assenta".

Nessas condições, apontamos a existência de uma grave falha na formação universitária dos professores, gerada pela estrutura do sistema acadêmico. A discussão nos direciona a destacar a responsabilidade na aquisição e no desenvolvimento da leitura básica, que deve ser atribuída, principalmente, aos professores que atuam no ensino fundamental. Afinal, quando há falhas no ensino da leitura nesta fase, o aproveitamento escolar nas outras fases do ensino torna-se, em geral, comprometido.

Acerca das concepções de professores sobre o ensino da leitura, Pinheiro (2007) realizou uma pesquisa cujo objetivo foi identificar concepções de professores do ensino fundamental, de escolas públicas e particulares, de cidades do interior dos estados do Paraná (grupo 1) e da Bahia (grupo 2), sobre a leitura e a complexidade do ato de formar leitores. Descreveremos aqui a parte dessa pesquisa cujos dados referem-se ao objetivo de verificar como as professoras orientam os educandos quanto ao uso de estratégias de leitura.

Participaram da pesquisa quarenta professores, vinte de cada estado e que atuam em diferentes disciplinas e diferentes séries do ensino fundamental. O grupo do Paraná foi composto por professores dos municípios de Borrazópolis e de Marechal Cândido Rondon, enquanto o grupo da Bahia foi composto por professores da cidade de Itaberaba. A formação educacional entre eles é diversificada, sendo mais expressiva em termos de graduação o grupo do interior do Paraná. Nesse grupo, todos os professores estavam cursando especialização. De modo geral, os que participaram possuem grande experiência no magistério. E quanto à idade deles, evidencia-se que o grupo do interior do estado da Bahia possui maior número de professores mais novos. O instrumento de coletas de dados selecionado para esse trabalho foi o questionário, que se constituiu de perguntas abertas e fechadas. Para as perguntas fechadas, a análise dos dados foi realizada por meio da frequência de respostas e cálculos de porcentagem. Para as questões abertas, optou-se pela análise de conteúdo, procedendo-se, assim, à análise quantitativa e qualitativa dos dados coletados.

Concepções dos professores sobre a importância da leitura proficiente dos educandos na disciplina em que eles atuam

As respostas apresentadas à primeira questão revelam que as professoras do grupo 1 (100%) acreditam que a leitura proficiente seja importante para o bom desempenho do educando na disciplina que elas ministram. Já no grupo 2, verificou-se que esse número cai para 80%; embora ainda represente a maioria das professoras do grupo, quatro (20%) não consideram a leitura proficiente importante para o bom desempenho do aluno em sua disciplina específica.

A justificativa das professoras do grupo 2 não condiz com o que declararam, uma vez que foi justamente este grupo que apresentou maior número de argumentações que relacionam a leitura proficiente com o bom desempenho dos educandos (Tabela 1).

Tabela 1. Índice das respostas à questão sobre a importância da leitura proficiente dos educandos na disciplina em que as professoras atuam, organizadas em categorias

Categorias	Grupo 1		Grupo 2		Grupo 3	
	f	%	f	%	f	%
Relação entre a leitura proficiente e a compreensão e interpretação de conceitos, ideias, textos.	4	23,5	13	61,9	17	4,7
Aprofundamento de conhecimentos, conteúdos trabalhados.	4	23,5	2	9,5	6	15,7
Relação entre a leitura proficiente com o vocabulário, as estruturas gramaticais e as normas ortográficas.	2	11,7	2	9,5	4	10,5
Auxílio no desenvolvimento da escrita.	2	11,7	1	4,7	3	7,8
Aquisição de novos conhecimentos, novas informações, descobertas, atualizações etc.	5	29,4	3	14,2	8	21,0
TOTAL	17	100	21	100	38	100

As concepções reveladas pelos dois grupos de professoras nos dados acima nos possibilitam inferir que a importância da leitura proficiente de seus educandos relaciona-se com sua funcionalidade prático-pedagógica. A leitura proficiente está atrelada à compreensão, à aquisição e ao aprofundamento nos conhecimentos adquiridos, como suporte para melhorar o conhecimento na língua portuguesa, colaborando com o desenvolvimento da escrita. As três categorias ressaltadas por seus percentuais se relacionam entre si e se complementam, permitindo-nos verificar que, na visão dessas professoras, a leitura na educação formal é principalmente um instrumento que viabiliza o conhecimento.

Nesses termos, podemos inferir uma tendência pedagógica em considerar a leitura mero instrumento de aquisição de informações e conhecimentos, o que talvez reforce as ações pedagógicas que se distanciam do uso de estratégias metacognitivas na sala de aula como um recurso imprescindível para o desenvolvimento da leitura proficiente. Na medida em que se restringe a leitura a um instrumento de aquisição de informações, o foco do professor pode se resumir na compreensão como produto final, sem atentar para a importância dos processos implícitos e explícitos na construção dessa compreensão.

Outro aspecto importante é o desconhecimento dos professores sobre o processamento de informações e as abordagens de ensino. Para que os educandos tenham êxito escolar, consideramos muito importante que os professores conheçam e se apropriem pedagogicamente desses conhecimentos. Afinal, diante de uma situação de fracasso na leitura ou de mau desempenho, será necessário o estímulo ao uso de estratégias para que o educando, conscientemente, retroceda a habilidades referentes à aquisição da língua escrita.

Concepções das professoras sobre o ensino da leitura

Em relação a concepções sobre o ensino da leitura que cada professora tem como referencial de trabalho ou como o vê nas práticas pedagógicas, temos:

Tabela 2. Grau de concordância entre as professoras com as afirmações que se referem a questões metodológicas e abordagens de ensino e desenvolvimento da atividade de leitura

questão	Totalmente de acordo						De acordo						Em desacordo						Totalmente em desacordo					
	G1		G2		Total		G1		G2		Total		G1		G2		Total		G1		G2		Total	
	f	%	f	%	f	%	f	%	f	%	f	%	f	%	f	%	f	%	f	%	f	%	f	%
1	1	5	0	-	12,5	2	10	1	5	3	7,5	6	30	6	30	12	30	11	55	13	65	24	69	
2	0	-	2	10	2	5	0	-	0	-	0	-	9	45	3	15	12	30	11	55	15	75	26	65
3	6	30	12	60	18	45	6	30	6	30	12	30	8	40	1	5	9	22	0	-	1	5	1	2,5
4	3	15	2	10	5	12,5	12	60	2	10	14	35	3	15	13	65	16	40	2	10	3	15	5	12,5
5	1	5	0	-	1	2,5	7	35	5	25	12	30	10	50	12	60	22	55	2	10	3	15	5	12M5
6	2	10	2	10	4	10	13	65	12	60	25	62,5	4	20	6	30	10	25	1	5	0	-	1	2,5
7	9	45	12	60	21	52,5	11	55	7	35	18	45	0	-	0	-	0	-	0	-	1	5	1	2,5
8	0	-	0	-	0	-	3	15	0	-	3	,7,5	11	55	8	40	19	47,5	6	30	12	60	18	45
9	5	25	9	45	14	35	12	60	9	45	21	52,5	2	10	2	10	4	10	1	5	0	-	1	2,5
10	16	80	20	100	36	90	04	20	0	-	4	10	0	-	0	-	0	-	0	-	0	-	0	-
11	6	30	2	10	8	20	11	55	11	55	22	55	3	15	5	25	8	20	0	-	2	10	2	5
12	1	5	3	15	4	10	12	60	10	50	22	55	7	35	6	30	13	32,5	0	-	1	5	1	2,5

Constatamos que 60% do total de professoras estão "totalmente em desacordo" com relação ao *desenvolvimento da leitura ser de responsabilidade exclusiva dos professores de língua portuguesa* (quesito 1). Do total de professoras, 65% se posicionaram contra a afirmativa de que *o fracasso na leitura é algo natural, previsto e justificado – é resultado da incapacidade do educando* (quesito 2). Quando direcionadas a pensar sobre a influência dos contextos familiar e social, no grupo 1 evidenciou-se a falta de consenso nesse quesito, e o percentual entre concordantes (60%) e discordantes (40%) se aproximou expressivamente. O mesmo não ocorreu entre as integrantes do grupo 2, cuja maioria (90%) concorda com a afirmativa de que *o desenvolvimento da leitura não pode ser trabalhado dissociado dos contextos social e familiar do educando* (questito 3). Os números revelam que 47,5% do total das professoras estão de acordo que *o educando realiza a leitura somente por meio de um processo ascendente* (quesito 4), enquanto 52,5% não concordam. Com relação ao *educando realizar a leitura somente por meio de um processo descendente* (quesito 5), temos pequenas diferenças entre os grupos. No total, 67,5% de professoras discordam dessa afirmativa. Quanto *aos educandos realizarem os dois processos, ascendentes e descendentes, dependendo da necessidade do texto* (quesito 6), encontramos uma proximidade maior entre as respostas dos grupos, "de acordo" é declarado por treze professoras (65%) do grupo 1 e doze professoras (60%) do grupo 2. A quase unanimidade entre as professoras dos dois grupos (97,5%) concebe que *o educando não é passivo diante do texto. Ele utiliza seus conhecimentos para interagir com as ideias do autor e construir significados* (quesito 7). O percentual alcançado na soma das professoras dos dois grupos que não concordam com a afirmativa de que *o educador deve ler e compreender o texto somente de acordo com as ideias que estão no livro, as ideias do autor* (quesito 8), representam 92,5% do total. Quando conduzidas a pensar sobre a afirmativa de que *o educando compreendeu totalmente o texto quando é capaz de extrair as ideias principais do texto*, é interessante observar que 87,5% das professoras declaram concordar. Mas o quesito é polêmico, pois, se o leitor compreende, ele é capaz de extrair as ideias principais do texto. Porém, é possível que o leitor consiga extrair as ideias principais de um texto sem, necessariamente, compreendê-lo. A maioria das professoras concordou com a afirmativa de que *todos os educadores devem colaborar para o desenvolvimento da leitura dos educandos* (quesito 10).

Ao serem conduzidas a pensar sobre a afirmativa de que *a principal causa dos problemas de leitura dos educandos provém da formação dos educadores, porque não existe um trabalho específico para que eles entendam como devem orientar as atividades de leitura em diferentes disciplinas* (quesito 11), tivemos como respostas: seis educadoras (30%) do grupo 1 e duas educadoras (10%) do grupo 2 que estão "totalmente de acordo"; onze professoras (55%) do grupo 1 e onze professoras (55%) do grupo 2 que estão "de acordo". Quanto à afirmativa de que *a principal causa dos problemas de leitura é o fato de os professores exigirem uma leitura proficiente dos educandos, sem perceber que eles ainda estão em formação* (quesito 12), temos na totalidade 65% das professoras em concordância. Em contrapartida, do total, 35% de professoras não concordam. Os índices dos grupos estão muito próximos nesse quesito.

As concepções das professoras sobre a leitura proficiente dos educandos possibilitam refletir sobre a prática dessa atividade que não deve se restringir a seu uso instrumental e mecânico como promotora da leitura de ideias alheias. A leitura é uma atividade que viabiliza construções e desconstruções de pensamentos, em uma relação dialética entre leitor e leitura, assim o repertório cognitivo encontra-se à disposição da leitura da palavra sendo aproveitado de maneira dinâmica.

Pelos dados, percebe-se que a maioria das professoras, independentemente da dimensão com que veja a leitura, demonstra considerar sua proficiência importante para o educando nas disciplinas que ministram, apesar de focalizarem apenas sua funcionalidade prático-pedagógica. Nesse sentido, acreditamos que os dados aqui apresentados sugerem a revisão das práticas pedagógicas sobre a leitura, de forma a valorizar ainda mais seu caráter social e educacional, pois seu ensino precisa ir além da funcionalidade como instrumento de aquisição de informações e conhecimentos.

Alliende e Condemarín (2005) declaram a existência de um consenso de que os educandos melhoram os rendimentos escolares quando o ensino nas habilidades de estudo encontra-se associado aos conteúdos das diferentes disciplinas. Quando o educando é estimulado a aprender por descobertas, exige-se dele que encontre informações, reúna-as, organize-as e faça registros. Dessa forma, pode manejar as informações com grande flexibilidade. Esses autores apresentam possibilidades de atividades práticas de leitura em diferentes áreas do conhecimento e, embasados em Herbert e Sanders (1969), reforçam que "o ensino das habilidades da leitura de estudo proporciona uma estrutura em que os estudantes podem organizar e aplicar seus novos conhecimentos aos materiais relevantes em situações relevantes" (p. 165).

A leitura no âmbito escolar precisa estar condizente com o contexto social, de modo que a compreensão das palavras (dos textos) promova a compreensão e a análise crítica das realidades em que os educandos estão inseridos. As respostas às questões da pesquisa nos possibilitam inferir que apenas secundariamente a leitura é vista como um instrumento social que possibilita relacionamentos interpessoais, e essa visão precisa sofrer modificações. A leitura precisa ser vista transcendendo a sua funcionalidade instrumental por meio de seu ensino crítico-reflexivo, em todas as dimensões sociais.

Considerações finais

O que conseguimos desvelar a respeito do ensino da leitura e do uso de estratégias metacognitivas é a importância e o reconhecimento pedagógico quando pensamos no posicionamento crítico das professoras aqui apresentadas sobre as condições que favorecem ou atrapalham o desenvolvimento da leitura, demonstrando consciência de sua condição de mediadoras nesse processo.

Entretanto, a maioria das professoras reconhece a ausência de uma formação específica que possa ajudá-las a entender a leitura no âmbito de cada disciplina. Elas também distinguem a falha nas práticas pedagógicas quando cobram do educando compreensão e entendimento do texto, desprezando a condição de um aprendiz, ainda em formação. Dessa forma, sugerimos que os cursos de formação de professores (licenciatura) dispensem uma atenção maior no preparo específico do professor para que suas práticas se tornem mais eficazes no que se refere ao desenvolvimento de seus educandos, para que eles possam tornar-se leitores proficientes.

Para tanto, destacamos a importância de os professores das diferentes áreas do conhecimento receberem em sua formação, seja na graduação, seja na formação continuada, uma capacitação específica sobre as abordagens de ensino e o processamento de informações na linguagem escrita. Na mesma dimensão de importância, reconhecemos que os professores precisam conhecer e se aproproriar dos conhecimentos sobre as estratégias metacognitivas e as formas pedagógicas do estímulo de tais habilidades imprescindíveis ao desenvolvimento do educando no ato de ler de modo proficiente.

Referências bibliográficas

Alliende, F., & Condemarín, M. (2005). *A leitura: teoria, avaliação e desenvolvimento.* Porto Alegre: Artmed.

Blakey, E.; Spence, S. (2000). Developing Metacognition. Syracuse, NY: ERIC Clearinghouse on Information Resources. Disponível em http://ericae.net/edo/ED327218.htm. Acesso em 8 maio 2013.

Bouruchovich, E. (2001). Algumas estratégias de compreensão em leitura de alunos do ensino fundamental. *Psicologia Escolar e Educacional*, 5(1), 19-25.

Cantalice, L. M. (2004). Ensino de estratégias de leitura. *Psicologia Escolar e Educacional*, 8, 105-6.

Capovilla, A. G. S., & Capovilla, F. C. A. (2009). A consciência fonológica e sua importância para a aquisição da linguagem escrita. In M. Mota (Org.). *Desenvolvimento metalinguístico: questões contemporâneas* (pp. 19-40). São Paulo: Casa do Psicólogo.

Cunningham, J. W., & Fitzgerald, J. (1996). Epistemology and Reading. *Reading Research Quarterly*, 31(1), 36-60.

Davis, C., Nunes, M. M. R., & Nunes, C. A. A. (2005). Metacognição e sucesso escolar: articulando teoria e prática. *Cadernos de Pesquisa*, 35(125), 205-30.

Dias, L. V. H. A. A., & Calsa, G. C. (2003). Estratégias de compreensão de textos literários e informativos por alunos do ensino fundamental. *Teoria e Prática Educacional*, 6, 329-40.

Dias, M. G. B. B., Morais, E. P. M., & Oliveira, M. C. N. P. (1995). Dificuldades na compreensão de textos: uma tentativa de remediação. *Arquivos Brasileiros de Psicologia*, 47(4), 13-24.

Ferreira, S. P. A., & Dias, M. G. B. B. (2002). A escola e o ensino da leitura. *Psicologia em Estudo*, Maringá, 7(1), 39-49.

Foucambert, J. (1994). *A leitura em questão.* Porto Alegre: Artes Médicas.

Goodman, K. S. (1987). O processo de leitura: considerações a respeito das línguas e do desenvolvimento. In E. Ferreiro & M. G. Palacio (Orgs.). *Os processos de leitura e escrita: novas perspectivas* (pp. 11-22). Porto Alegre: Artes Médicas.

Gombert. J. E. (2003). *Atividades metalinguísticas e aprendizagem da leitura.* In M. R. Maluf (Org.). Metalinguagem e aquisição da escrita: contribuições da pesquisa para a prática da alfabetização. São Paulo: Casa do Psicólogo.

Guimarães, S. R. K. Aprendizagem da leitura e da escrita: o papel das habilidades metalinguísticas. 1ª ed. São Paulo: Vetor, 2005.

Jolibert, J. (Coord.) (1994). *Formando crianças leitoras.* Porto Alegre: Artes Médicas.

Herbert, H. C.; Sanders, P. L. (1969). *Research is Reading in the Content Area*: First Year Report. New York Syracuse: Syracuse University. Reading and Language Center.

Jolibert, J. (1994). *Formando crianças leitoras.* Porto Alegre: Artes Médicas.

Joly, M. C. R. A. (2001). Leitura no contexto educacional: avaliando estratégias para aquisição de habilidades criativas. In: Fermino Fernandes Sisto; Elizabeth T. B. Sbardellini, & Ricardo Primi (Org.). *Contextos e questões da avaliação psicológica.* São Paulo: Casa do Psicólogo, pp. 99-116.

Joly, M. C. R. A. & Cantalice, L. M. <http://lattes.cnpq.br/9749203898455524> (2004). Avaliando estratégias de leitura com universitários. In: Em C. Machado; L.S. Almeida; M.Gonçalves, & V. Ramalho (Org.). *Avaliação psicológica: formas e contextos.* Braga: Psiquilíbrios Edições, pp. 479-486.

Jou, G. I. de, & Sperb, T. M. (2008). Leitura compreensiva: O processo instrucional.*Linguagem & Ensino* (UCPel), 11, 145-177.

Jou, G. I. de, & Sperb, T. M. (2006). A metacognição como estratégia reguladora da aprendizagem. *Psicologia: Reflexão e Crítica*, 19(2), 177-85. Disponível em http://www.scielo.br/prc. Acesso em 13 maio 2013.

Kleiman, A. (2004) *Oficina de leitura: teoria e prática.* Campinas: Pontes/Ed. Unicamp.

Kato, M. (2002). *O aprendizado da leitura.* São Paulo: Martins Fontes.

Maluf. R. M. (2005). O psicólogo escolar e a alfabetização. In A. M. Martinez (Org.). *Psicologia escolar e compromiso social: novos discursos, novas práticas.* Campinas: Editora Alínea.

Paula. F. V., & Leme, M. I. S. (2003). A importância do desenvolvimento metacognitivo para a superação de dificuldades na aquisição da leitura. In M. R. Maluf (Org.) (2003). Metalinguagem e aquisição da escrita: contribuições da pesquisa para a prática da alfabetização. São Paulo: Casa do Psicólogo.

Pinheiro, L. R. (2007). Concepções de professores do ensino fundamental sobre a leitura. Dissertação de Mestrado.Programa de Pós-Graduação em Educação. Universidade Federal do Paraná, Curitiba, 166 p.

Smith, F. (2003). *Compreendendo a leitura: uma análise psicolingüística da leitura e do aprender a ler.* Porto Alegre: Artes Médicas.

Solé, I. (1998). *Estratégias de leitura.* Porto Alegre: Artmed.

Solé, I. (2003). Ler, leitura, compreensão: sempre falamos da mesma coisa? In A. Teberosky et al. (Orgs.). *Compreensão de leitura: a língua como procedimento.* Porto Alegre: Artmed.

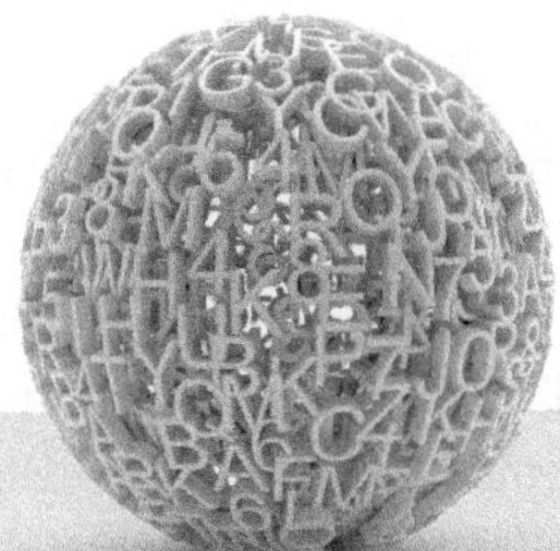

Capítulo 8

A dimensão social, linguística e cognitiva da compreensão de textos: considerações teóricas e aplicadas

Alina Galvão Spinillo
Universidade Federal de Pernambuco

Introdução

Refletir acerca da compreensão de textos requer considerar três instâncias: o leitor,[1] o texto e a interação entre eles. O leitor aciona um conjunto de habilidades cognitivas (memória, monitoramento, inferências) e linguísticas (decodificação, vocabulário, conhecimento sobre sintaxe e gêneros textuais); trazendo seu conhecimento de mundo, suas expectativas e seus propósitos para a situação de leitura. O texto, por sua vez, trata de um tema em particular que é veiculado em determinada forma linguística, tendo sido escrito por um indivíduo com propósito comunicativo específico e endereçado para um leitor com o qual compartilha determinados conhecimentos (informações de domínio comum). A compreensão deriva da interação entre essas instâncias (leitor e texto),

[1] No presente capítulo, toma-se para discussão a compreensão de textos escritos, embora a compreensão textual possa versar sobre textos orais, não envolvendo, portanto, a leitura.

estando inserida em uma situação na qual autor e leitor se encontram por meio do texto.[2] Nessa interação estão envolvidas três dimensões indissociáveis que são tratadas separadamente apenas em termos de análise (quer do ponto de vista teórico, quer do ponto de vista empírico): as dimensões social, linguística e cognitiva.

Este tema tem sido um desafio para teóricos e pesquisadores que o tomam como objeto de estudo e também para educadores que o tomam como objeto de ensino. Sem pretender ser uma revisão da literatura, o presente capítulo oferece uma visão das diferentes facetas da compreensão de textos, contribuindo para uma reflexão acerca de sua natureza complexa e multifacetada, abordando as três dimensões mencionadas.

A dimensão social

A compreensão não ocorre em um vácuo, pois a leitura está inserida em um contexto social, ou seja, em circunstâncias específicas em que os objetivos, as motivações e as expectativas do leitor participam desse processo (Kleiman, 2002a, 2002b; Koch & Elias, 2006; Marcuschi, 1985; Solé, 1998; Tolchinsky & Pipkin, 2003). Os conhecimentos prévios do leitor, localizados em sua memória de longo prazo, são acionados durante a leitura a partir do texto. Esses conhecimentos são informações relacionadas às experiências sociais vivenciadas, variando desde conhecimentos gerais até conhecimentos específicos adquiridos em aprendizagens formais e informais, tais como a familiaridade com o assunto tratado no texto e os conhecimentos linguísticos do leitor.

Como os conhecimentos prévios não são os mesmos entre os indivíduos, a interpretação de um texto pode variar de um leitor para outro, permitindo, assim, que diferentes sentidos lhe sejam atribuídos. Dell'Isola (2001) ressalta o contexto sociocultural como fator impor-

2 Segundo Clark e Marshall (1992, citado em Coscarelli, 2003) e Clark e Carlson (1992, citado em Coscarelli, 2003), o conhecimento partilhado entre duas pessoas envolve três fontes de informação: mútuas presenças física, linguística e cultural. A presença física diz respeito ao contexto extralinguístico da situação; a linguística refere-se ao conhecimento linguístico compartilhado que o produtor do texto pressupõe que o receptor domine; e a cultural, constituída por informações mais duradouras, refere-se aos conhecimentos de mundo.

tante na construção de sentidos atribuídos ao texto. Segundo a autora, o conhecimento prévio está em estreita relação com o contexto pessoal (condições subjetivas), que consiste em atitudes, crenças, fatores emocionais e características do indivíduo (sexo, idade, classe social, nível de instrução, ocupação etc.). Pesquisas realizadas tanto com crianças (e.g., Sampaio & Spinillo, 1986) como com adultos (e.g., Dell'Isola, 2001; Marcuschi, 1985), mostram que os diferentes sentidos atribuídos ao texto estão associados à bagagem sociocultural que o leitor de determinado grupo social traz consigo.

Enquanto o conhecimento de mundo insere o leitor em um grupo social, os propósitos e as expectativas específicas da leitura ressaltam o caráter circunstancial da compreensão. Na realidade, o ato de ler atende a propósitos diversos que estão associados a diferentes suportes (livros, jornais, revistas) e gêneros de textos (contos, poesia, notícia jornalística, manual de instruções, receita culinária). Dependendo dos objetivos, o ato de ler assume configurações variadas. O leitor pode fazer uma leitura global para obter uma ideia geral do assunto tratado no texto; como ocorre, por exemplo, quando se passa uma vista no jornal sem que se leia toda uma seção. A leitura pode ser, também, seletiva e pontuada, com vistas a obter uma informação específica, como ocorre quando se lê apenas a seção de esportes do jornal com o objetivo de saber quem ganhou o jogo de futebol.

O propósito com que se lê um texto pode gerar diferenças na compreensão. É comum observar que leitores diferentes ao lerem um mesmo texto geram compreensões distintas, pois cada um deles aborda o texto com uma intenção; um leitor tende a enfatizar uma passagem, que se torna a informação mais saliente ou relevante para ele; para outro leitor esta mesma passagem pode passar despercebida, e a ênfase é dada a outro trecho. Por outro lado, um mesmo leitor pode ter diferentes compreensões de um mesmo texto, como ocorre quando lemos um romance uma vez e, passado algum tempo, ao lê-lo novamente, temos outra compreensão a respeito de um episódio ou de um personagem em particular.

A compreensão também é influenciada pela expectativa que o leitor tem sobre o texto enquanto entidade linguística. Fatores intratextuais relativos aos aspectos internos do texto (título, subtítulos, estrutura organizacional) podem direcionar a compreensão, criando uma expectativa no leitor e atuando como um guia temático que antecipa o que se segue. Por exemplo, ao ser informado que lerá uma carta, o leitor cria a expectativa de que o conteúdo do texto é real e de natureza privada; ao ser informado que lerá uma notícia jornalística, ele sabe que o conteúdo é real e de natureza pública. Expectativas a respeito das características intratextuais ocorrem também em relação à estrutura do texto, pois com base em seu conhecimento linguístico o leitor sabe (ainda que de forma implícita) que os textos possuem estrutura e organização próprias. Solé (1998) ressalta que informar sobre o tipo de texto e sobre os propósitos da leitura pode criar expectativas que facilitam e guiam a compreensão, permitindo a criação de um esquema mental e de um plano para a leitura.

A partir de tais considerações, conclui-se que o texto envolve múltiplos sentidos. Como afirmam Marcuschi (1985) e Koch e Elias (2006), não existe *o* sentido do texto, mas *um* sentido para o texto. Portanto, o leitor pode atribuir uma dentre as possíveis interpretações que o texto pode gerar; esta liberdade, porém, é direcionada pelo próprio texto, havendo, evidentemente, interpretações equivocadas ou impossíveis, não estando o leitor autorizado a interpretar o texto de qualquer forma. Em outras palavras, embora haja uma pluralidade de sentidos, é necessário considerar a materialidade linguística do texto, que é um dos elementos sobre o qual e a partir do qual se fundamenta a compreensão. Assim, considerações acerca da compreensão de textos requerem reflexão sobre o componente textual desse processo (Kleiman, 2002b, p. 45), sendo a dimensão linguística relevante, como discutido a seguir.

A dimensão linguística

A intenção comunicativa do autor se manifesta pela materialidade linguística do texto, que, por sua vez, é a base sobre a qual o leitor se apoia, de maneira que o conhecimento adquirido acerca da língua desempenha papel crucial no processamento do texto (Cain & Oakhill, 2004; Kleiman, 2002a, b). Essa materialidade se constitui no nível da palavra, da sentença e do texto como um todo, de maneira que os significados são gerados a partir de uma rede de relações lexicais, semânticas, sintáticas, pragmáticas e estruturais que lhe dão conteúdo e forma.

No nível da palavra, a capacidade de decodificação e de reconhecimento são aspectos importantes (Balota, 1990; Ehri, 1992; Jou & Sperb, 2009; Salles & Parente, 2002, 2004; Yuill & Oakhill, 1991). Um comprometimento na capacidade de decodificação pode dificultar o reconhecimento da palavra e a possibilidade de atribuir-lhe um significado, enquanto a lentidão na leitura de palavras, decorrente de problemas na decodificação, compromete a integração de informações, pois provoca sobrecarga na memória de trabalho. Na realidade, uma decodificação eficiente (com fluência, velocidade e precisão) permite que a memória de trabalho fique livre para conduzir o encadeamento entre as proposições e a integração das informações veiculadas no texto. Quando as dificuldades são acentuadas, o leitor pode não processar o significado das palavras, tendo dificuldades para reconhecê-las e, consequentemente, para estabelecer relações entre palavras sucessivas, frases e sentenças, de forma que o processo inferencial e a construção de uma representação global do texto ficam comprometidos. No entanto, apesar de necessária, a capacidade de decodificação não garante a compreensão, pois há casos, como documentado na literatura, em que leitores que não apresentam problemas de decodificação não são capazes de estabelecer inferências (Stothard, 1992; Yuill & Oakhill, 1991).

O vocabulário, segundo pesquisas, é um dos preditores importantes da compreensão de textos. Um acesso semântico ineficiente (equivocar-se ou desconhecer o significado das palavras) gera problemas de compreensão, tanto entre crianças quanto entre adultos (Perfetti, 1985; Stanovich, West, Cunningham, Cipielewski & Siddiqui, 1996). O vocabulário está relacionado ao conhecimento prévio que o indivíduo possui sobre dado assunto e a seu conhecimento linguístico. É importante comentar que aqueles que leem frequentemente tendem a ampliar o vocabulário e seu conhecimento de mundo, o que favorece a compreensão; o mesmo não ocorre com aqueles que leem pouco. Leitores com vocabulário limitado podem ter dificuldades em atribuir um significado apropriado ao texto; isso, porém, não deve ser interpretado como um problema de processamento no nível da palavra, mas como uma limitação associada ao conhecimento de mundo.

Estudos acerca da morfossintaxe, especificamente sobre a morfologia derivacional, têm mostrado que conhecer a relação entre a raiz e a palavra derivada pode auxiliar o leitor a inferir o significado das palavras, inclusive palavras pouco familiares (Carlisle, 2000; Correa & Dockrell, 2007; Mota, 2008, 2009, 2010). Neste sentido, a consciência metalinguística, no que tange à capacidade de segmentação de palavras, surge como uma aquisição importante para o reconhecimento de palavras e para o ato de inferir seu significado.

No nível da sentença tem-se o processamento sintático. O leitor passa a aplicar seus conhecimentos a respeito das categorias sintáticas, semânticas e das regras gramaticais da língua para derivar o significado das sentenças; uma vez entendidas, elas são integradas e agrupadas a outras sentenças, permitindo uma interpretação tanto local como global do texto. A memória de trabalho participa ativamente dessa integração, o que é denominado na literatura de fatiamento ou segmentação (Kleiman, 2002b).

Oakhill e Cain (2004) comentam que, mesmo dominando oralmente as estruturas sintáticas da língua em termos de linguagem oral, as crianças quando aprendem a ler ainda têm muito a desenvolver quanto às novas estruturas sintáticas peculiares à linguagem escrita. O conhecimento sintático é requerido para extrair significado de diferentes construções linguísticas, como por exemplo, a voz passiva e a voz ativa, que permite saber quem realizou a ação e quem a recebeu. Sem dúvida, dificuldades em lidar com determinadas construções sintáticas podem dificultar a compreensão, embora esta não dependa exclusivamente desta aquisição (Cain & Oakhill, 2004; Oakhill & Cain, 2004; Yuill & Oakhill, 1991).

No nível do texto tem-se, dentre outros aspectos, o conhecimento acerca de sua estrutura. De acordo com Solé (2003), os textos possuem estrutura e elementos característicos que condicionam a compreensão do leitor. Segundo Perfetti (1985, 1992), uma possível fonte de dificuldades é um conhecimento inadequado sobre a estrutura do texto lido, conhecimento que pode derivar-se de uma exposição insuficiente a situações de leitura. Pesquisas realizadas por Oakhill e colaboradores (Cain & Oakhill, 1996, 2004; Yuill & Oakhill, 1991), por exemplo, mostraram haver relações entre compreensão e conhecimento sobre a organização geral de textos narrativos (a respeito de quais histórias possuem título, começo e final). Estudos sugerem que quanto maior o domínio acerca da organização e constituição dos textos mais condições o leitor tem de compreendê-los. Uma possível explicação para isso é que conhecimentos a respeito da estrutura dos textos e de diferentes tipos de discurso determinam, em grande parte, as expectativas do leitor e as hipóteses construídas ao longo da leitura. Na realidade, a familiaridade com a estrutura do texto facilita a integração das informações, favorecendo a construção de um modelo mental e o estabelecimento de inferências.

Na compreensão, há uma constante interação desses níveis de conhecimento que permitem que o processamento do texto ocorra simultaneamente de cima para baixo (processamento descendente) como de baixo para cima (processamento ascendente). Assim, a compreensão se constrói a partir dos conhecimentos prévios do leitor (linguísticos e de mundo), de suas expectativas e objetivos (processamento descendente) como a partir dos diversos níveis do texto: letras que se combinam para formar palavras, que formam frases, proposições, representações mentais e que formam o texto (processamento ascendente). Essas duas vias de processamento se combinam e se articulam de tal forma que englobam todos os níveis da compreensão.

O significado de um texto, portanto, não deriva da soma de significados das palavras e das frases que o compõem, mas de um processamento que permite a integração entre eles, de maneira que o significado de uma palavra ou de uma frase é definido, se mantém ou se altera a partir de sua integração com outras palavras e frases do texto e com o conhecimento de mundo do leitor. Para que toda essa rede de relações extra e intratextuais se estabeleça é necessário que entrem em ação processos cognitivos diversos.

A dimensão cognitiva

Três instâncias participam da dimensão cognitiva da compreensão de textos: a memória, o monitoramento e as inferências, sendo elas referidas na literatura como processos de alto nível (Oakhill & Yuill, 1996).

Tanto a memória de trabalho como a memória de longo prazo estão envolvidas na compreensão; porém, atuam de formas distintas. A memória de trabalho é um processo cognitivo básico que atua diretamente na retenção e na integração das informações intratextuais durante a leitura. Possui uma capacidade limitada de armazenamento e não comporta grande quantidade de informações por um longo período de tempo. É ela que permite que as novas informações sejam integradas às antigas, habilitando o leitor a detectar inconsistências entre as proposições do texto, estabelecer inferências, monitorar sua compreensão e construir um modelo mental (Fletcher, Van der Broek & Arthur, 1996; Kintsch, 1998; Oakhill & Yuill, 1996; Yuill & Oakhill, 1991). Fica evidente, portanto, sua relevância no processo. Quando sobrecarregada, como ocorre quando há dificuldades de decodificação, pode comprometer o estabelecimento de inferências e o monitoramento da compreensão por parte do leitor. A memória de longo prazo, por sua vez, é um processo cognitivo com uma capacidade expressiva de armazenamento que retém a informação por bastante tempo. Ela permite que o leitor leve para a leitura tanto seu conhecimento linguístico quanto seu conhecimento de mundo (acionado pelo texto), inclusive experiências e percepções há muito construídas em sua trajetória de vida.

Embora a memória de curto prazo seja mais investigada pelos pesquisadores da área que a de longo prazo, não se pode negar que a de longo prazo desempenhe papel importante na compreensão de textos, pois leva para a situação de leitura parte da história de vida do leitor, como mencionado; e é essa história que gera a multiplicidade de sentidos, uma vez que diferentes leitores podem atribuir múltiplos sentidos a um mesmo texto, como discutido anteriormente.

O monitoramento consiste na tomada de consciência por parte do leitor a respeito de sua própria compreensão, tornando-o capaz de identificar o que não entendeu no texto (se o texto como um todo ou se uma passagem em particular) e de detectar inconsistências internas (ou de natureza lógica) ou externas (de natureza empírica) ao texto. A partir dessa tomada de consciência e da descoberta do que impediu ou dificultou sua compreensão, o leitor pode adotar estratégias para auxiliá-lo a superar a dificuldade encontrada.

O método de pesquisa comumente adotado para avaliar o monitoramento é a tarefa de detectar inconsistências em um texto (Perfetti, Marron & Foltz, 1996; Ruffman, 1996). Textos curtos são apresentados, contendo inconsistências entre passagens (conflito de informações) e inconsistências entre informações textuais e extratextuais. De modo geral, os resultados mostram que o bom leitor é capaz de detectar inconsistências e monitorar sua compreensão, sendo, inclusive, capaz de lançar mão de estratégias que o levem a compreender (autocorreção, ler devagar, ler novamente, obter informação em outras fontes etc.). Por outro lado, o leitor menos habilidoso tem dificuldades em detectar as inconsistências e não percebe as dificuldades que experimenta; quando muito, tem uma noção difusa e global de que não compreendeu o texto, não sendo capaz de propor estratégias de remediação. Importante mencionar que o monitoramento remete ao uso de estratégias metacognitivas, sendo a relação entre compreensão de textos e metacognição um campo de estudo que tem despertado o interesse de muitos estudiosos (e.g., Kato, 1998; Kleiman, 2002b; McNamara, 2007; Solé, 1998).

O processo cognitivo mais investigado na literatura e presente em todos os modelos teóricos a respeito da compreensão de textos é o estabelecimento de inferências.[3] Na realidade, compreender textos é, por excelência, um processo inferencial. Inferir decorre do fato de que nem tudo está explicitado no texto, tendo o leitor que estabelecer relações entre diferentes passagens e usar seu conhecimento de mundo de maneira a preencher as lacunas e a construir uma representação mental adequada e

[3] Coscarelli (2003) comenta que o conceito de inferência é muito abrangente e às vezes mal definido, sendo adotado para descrever uma grande variedade de operações cognitivas. A autora apresenta, discute e compara as diferentes definições de inferências por diversos autores, bem como apresenta diversas tipologias, tecendo críticas que merecem ser consideradas pelos estudiosos da área.

coerente do texto (Brandão & Oakhill, 2005; Colomer & Camps, 2002; Coscarelli, 2003; Graesser & Zwaan, 1995; Kintsch, 1993, 1998; Marcuschi, 1985, 2008; Oakhill & Yuill, 1996; Spinillo & Mahon, 2007; Vidal-Abarca & Rico, 2003; Yuill & Oakhill, 1991). A representação mental e as inferências são consideradas cruciais na compreensão de textos, sendo estas os processos responsáveis tanto por um processamento de natureza ascendente como de natureza descendente no momento da leitura.

As inferências estabelecidas durante ou após a leitura passam a fazer parte da representação mental do texto de tal forma que o leitor não consegue mais distinguir a informação contida no texto daquela que foi inferida a partir dele. Yuill e Oakhill (1991) relatam um estudo em que os leitores eficientes acreditavam que determinada informação por eles inferida (mas não explicitada na superfície do texto) estava presente no texto; enquanto leitores pouco hábeis faziam tal distinção, reconhecendo apenas como informação textual as informações presentes e não as inferidas.

Esses aspectos são enfatizados no modelo proposto por Kintsch (1998), denominado construção-integração (CI)[4] e que procura explicar como as informações textuais e extratextuais se integram de maneira a construir uma representação mental organizada e coerente de todo o texto. Este modelo pressupõe duas instâncias: o texto-base e o modelo situacional. O texto-base é uma representação fortemente baseada na integração das informações intratextuais; o modelo situacional é uma representação mental marcada pelas elaborações feitas pelo leitor a partir de seu conhecimento de mundo; sendo, portanto, o espaço em que as inferências são estabelecidas. Em outras palavras, o texto-base é uma representação muito próxima do texto lido e o modelo situacional é uma representação que envolve, além do texto-base, o conhecimento de mundo do leitor acionado durante a leitura. Essas instâncias são indissociáveis e constituem a arquitetura do modelo de Kintsch.

---

4 Detalhes sobre o modelo de CI podem ser obtidos no livro de Kintsch (1998), que é uma atualização de sua obra originalmente publicada em 1978 (Kintsch & Van Dijk, 1978).

Para construir significados é necessário ir além daquilo que está explicitamente presente no texto, integrando informações intratextuais entre si e informações intratextuais com extratextuais. Segundo Marcuschi (2008), o texto se encontra em constante elaboração, sendo seu significado derivado de uma coautoria em que o autor produz parcialmente o texto e o leitor o completa a partir do estabelecimento de inferências que preenchem as informações deixadas implícitas pelo autor.

Uma das características que mais diferem leitores habilidosos de leitores pouco habilidosos é a capacidade de estabelecer inferências. Pesquisas mostram que leitores iniciantes ou com dificuldades de compreensão raramente constroem inferências espontaneamente, sendo mais usual que as estabeleçam quando diretamente solicitados a responder perguntas sobre o texto. Este é o caso, por exemplo, das crianças de seis anos investigadas por Brandão e Spinillo (1998), que tendiam a responder apropriadamente a perguntas sobre informações inferenciais relativas a uma história que acabaram de ouvir, mas que omitiam tais informações inferenciais quando solicitadas a reproduzir esta mesma história. Além disso, leitores com dificuldades de compreensão tendem a memorizar as informações literais em detrimento das inferenciais, ou mesmo quando a memória é controlada pela possibilidade de consultar o texto, esses leitores, ainda assim, não conseguem estabelecer inferências (Yuill & Oakhill, 1991).

Considerando essas três dimensões – social, linguística e cognitiva –, conclui-se que compreender textos é atividade complexa, dinâmica e multifacetada, sendo um desafio para teóricos que procuram propor modelos que expliquem como este processo ocorre e se constitui, para pesquisadores que procuram identificar os diversos fatores envolvidos nesta atividade e para educadores que, conscientes da relevância da compreensão de textos para a aprendizagem de todos os conteúdos escolares em todos os segmentos, buscam desenvolver em seus alunos a habilidade de compreender textos. Apresentadas essas dimensões, torna-se necessário associar a essa discussão considerações de natureza educacional a respeito deste tema.

O desenvolvimento da compreensão de textos: resultados de pesquisas e considerações educacionais

Seria possível desenvolver a habilidade de compreender textos na escola? Todo educador irá responder afirmativamente a esta pergunta. A unanimidade é quebrada quando se procura responder uma segunda pergunta: Como isso pode ser feito na escola? Esta segunda pergunta pode ter duas respostas distintas, dependendo das premissas adotadas. Se acreditarmos que a compreensão de textos se desenvolve automaticamente a partir do domínio do indivíduo sobre o sistema de representação da escrita, responderemos que a escola tem apenas que alfabetizar as crianças e que a compreensão de textos viria a reboque, por ser consequência inevitável do domínio sobre a escrita enquanto sistema de representação. Neste caso, a compreensão de textos não seria, ela própria, um objeto de ensino, mas uma decorrência da alfabetização. Isso, entretanto, não tem respaldo empírico. Por exemplo, Buarque, Higino, Miranda, Dubeux e Pedrosa (1992) avaliaram a compreensão de textos em crianças do segundo ao quinto ano de escolas públicas da cidade do Recife, utilizando-se de perguntas literais e inferenciais[5] sobre o texto lido pela criança. Em todos os anos escolares, observou-se que as perguntas inferenciais eram as mais difíceis de ser respondidas e que, apesar do avanço em escolaridade, as crianças pouco ou nada progrediam quanto à capacidade de fazer inferências. As autoras concluíram que estabelecer inferências é uma habilidade complexa não automaticamente desenvolvida com o avanço da escolaridade. Portanto, apesar de relacionadas, não se pode pensar que o domínio da escrita seria capaz de gerar, automaticamente, um bom nível de compreensão textual.

Se, por outro lado, pensarmos que o domínio do sistema de representação e a compreensão de textos não guardam entre si uma relação causal direta e que a alfabetização é insuficiente para desenvolver a habilidade de compreender textos, a escola teria que tornar este tema

---

[5] Perguntas literais são aquelas cuja resposta pode ser diretamente encontrada no texto, pois estão nele explicitadas; perguntas inferenciais têm como resposta uma informação inferida pelo leitor que não está explicitada no texto.

um objeto de ensino a ser tratado didaticamente. Como fazê-lo? Uma possibilidade é pensar que os livros didáticos dão conta deste processo e que bastará ao professor realizar os exercícios neles contidos para que o aluno desenvolva um bom nível de compreensão textual.

Marcuschi (2008) realizou uma análise dos exercícios de compreensão de textos presentes em diversos livros e manuais didáticos adotados no ensino fundamental em escolas públicas e particulares da cidade do Recife, verificando que a maioria dos exercícios requeria do aluno apenas a cópia de passagens literais do texto a ser interpretado e que apenas 5% das perguntas sobre o texto requeriam a integração de informações e o estabelecimento de inferências. Segundo o autor, exercícios desta natureza não contribuem para o desenvolvimento da compreensão textual enquanto atividade inferencial.

Afora as críticas de Marcuschi (2008) acerca das atividades de compreensão propostas nos livros didáticos, cabe perguntar se o ensino da compreensão de textos baseado fortemente no uso de livros didáticos (por mais sofisticados e apropriados que sejam) daria conta das dimensões social, linguística e cognitiva deste processo. Provavelmente não. Outra possibilidade é pensar que o professor precisaria associar ao uso do livro didático um longo e diversificado conjunto de atividades de leitura na sala de aula. Neste sentido as pesquisas conduzidas sobre a compreensão serviriam de base para a criação do conjunto de atividades que no contexto de sala de aula assumiriam um caráter didático, e não de avaliação, como ocorre no contexto de pesquisa. Na realidade, a literatura apresenta uma série de estudos, tanto de intervenção como aqueles em que se comparam diferentes circunstâncias de leitura, descritos a seguir.

Alguns estudos procuraram levar as crianças a gerar imagens mentais relativas a eventos explicitamente tratados no texto, explorando o efeito desta imagem mental sobre a compreensão (e.g., Oakhill & Patel, 1991; Pressley, 1976). De forma bastante semelhante Dias, Morais e Oliveira (1995), partindo das estratégias apontadas por Oakhill e Garnham (1988), investigaram o efeito de uma intervenção específica sobre a habilidade de compreensão de textos em crianças com diferentes níveis de dificuldade. Após um pré-teste, as crianças foram divididas em um grupo controle e um experimental. O grupo experimental recebeu uma intervenção baseada na construção de uma representação ou imagem mental acerca do conteúdo de cada sentença lida. Foi aplicado um pós-teste, verificando-se que os participantes do grupo experimental melhoraram seu desempenho, passando a níveis mais avançados de compreensão; o mesmo não ocorreu com os do grupo controle, cujas dificuldades persistiram. Concluiu-se que a estratégia da imagem mental durante a leitura dos textos facilitava a construção de uma representação mental que, por sua vez, facilitava a compreensão, servindo de auxílio à memória de curto prazo.

Em uma investigação com crianças e adolescentes, Ferreira e Dias (2002) compararam o uso da estratégia de fazer uma imagem mental com a estratégia de tomar notas durante a leitura de um texto. Participaram crianças e adolescentes com dificuldades de compreensão. Os resultados mostraram que embora ambas as estratégias fossem capazes de gerar níveis de compreensão mais sofisticados, a estratégia de tomar notas foi ainda mais proveitosa que a de imagem mental. É possível supor que tomar notas seja um apoio ainda mais efetivo para a memória de trabalho que a construção de imagens mentais.

Spinillo e Hodges (2012) analisaram a natureza dos erros apresentados por crianças de nove anos com dificuldades de compreensão de textos em duas situações de leitura: leitura interrompida de uma história e leitura sem interrupção. O objetivo era examinar se os erros variavam em função dessas situações, explorando a possibilidade de que a leitura interrompida poderia não apenas melhorar o desempenho dessas crianças, como diminuir a frequência de algum tipo específico de erro. Após a leitura do texto, as crianças tiveram que responder a perguntas sobre informações inferenciais relativas à história. A análise mostrou haver erros mais elementares e erros mais elaborados. Os mais elementares eram aqueles em que o leitor se baseava fortemente no texto, tratando as informações de forma isolada; os erros mais elaborados eram aqueles em que a criança estabelecia alguma relação entre as informações intra e extratextuais, sendo capaz de estabelecer inferências, embora essas inferências expressassem equívocos, distorções ou extrapolações. Apesar dos erros serem estáveis em ambas as situações, a leitura interrompida propiciou tentativas de estabelecimento de inferências mais apropriadas e a integração de informações intra e extratextuais que a leitura sem interrupções que não favorecia uma compreensão textual eficiente.

Brandão e Oakhill (2005) solicitaram que crianças de sete e oito anos respondessem a perguntas sobre histórias e que explicassem com haviam encontrado tal resposta. Segundo as autoras, o procedimento permitia uma análise mais detalhada das dificuldades das crianças e encorajava a criança a rever o texto e a reconsiderar suas respostas. Concluiu-se que tal procedimento pode ser considerado um recurso importante para desenvolver a compreensão de textos em leitores iniciantes.

Os resultados documentados por Yuill e Oakhill (1991) e Oakhill e Yuill (1996) fornecem, de forma inequívoca, evidências empíricas a respeito da possibilidade de melhorar o desempenho em compreensão de crianças com dificuldades nesta área. Inicialmente, fazem uma revisão detalhada dos estudos de intervenção envolvendo treinamento em habilidades específicas de compreensão, como a memória de trabalho, a habilidade de estabelecer inferências e de monitoramento. Em um segundo momento, as autoras apresentam os resultados de suas próprias pesquisas.

Um dos estudos versava sobre o efeito de instruções no aumento da consciência em fazer inferências. Crianças de sete anos foram divididas em dois grupos em função do nível de compreensão de textos que apresentavam: com e sem dificuldades. Cada grupo foi dividido em um grupo controle e um grupo experimental. As crianças do grupo experimental foram instruídas a procurar por certas "pistas" no texto, com o objetivo de obter informações solicitadas pelo examinador. O texto apresentado para treino consistia em uma história que deixava implícita uma série de informações sobre os personagens, sobre o local onde os fatos ocorriam e sobre os eventos principais da narração. O examinador, então, indicava quais eram as palavras que serviam de pista para responder às perguntas feitas, fornecendo as explicações necessárias. Na realidade, as crianças eram instruídas a fazer inferências a partir de determinadas palavras e da associação entre várias palavras presentes no texto. Em um segundo momento no decorrer do experimento, apresentava-se outro texto, também altamente lacunoso, o que permitia o estabelecimento de muitas inferências, sendo solicitado que a própria criança identificasse as palavras que serviam de pistas para responder às perguntas do examinador. O examinador fornecia um *feedback*, explicações adicionais necessárias e indicava as pistas que porventura não haviam sido mencionadas pela criança. Os resultados mostraram que a intervenção auxiliou os participantes com dificuldades de compreensão a focalizar as passagens apropriadas da história, fazendo que passassem a dar as respostas corretas. O efeito do treinamento parece ser duplo, no sentido de que não apenas auxiliou as crianças a endereçar e focalizar os aspectos relevantes do texto como também as encorajou a fazer inferências a partir de determinados itens lexicais contidos no texto.

Um segundo estudo foi realizado com o objetivo de desenvolver não apenas a capacidade de fazer inferências, mas também a capacidade de monitorar a própria compreensão. Os participantes do estudo foram divididos da mesma forma que os participantes no estudo anteriormente descrito. O procedimento de treinamento foi semelhante quanto à intervenção direcionada para o desenvolvimento da capacidade de estabelecer inferências. Quanto à capacidade de monitoramento, as crianças do grupo experimental foram instruídas a elaborar perguntas sobre diversas informações contidas no texto. Essa instrução tinha por objetivo aumentar a consciência sobre sua própria compreensão e auxiliar a formular perguntas que guiariam a compreensão. Em outras palavras, as crianças aprendiam a fazer perguntas sobre o texto. A intervenção envolvia, ainda, fazer previsões sobre passagens "escondidas" no texto. Por exemplo, era apresentada a seguinte passagem presente em um dado texto:

> Kerry queria comer cereal no café da manhã.
> (sentença escondida por uma fita removível)
> Assim, ela resolveu comer uma torrada em vez do cereal.

A sentença escondida, posteriormente mostrada aos participantes, era: "Mas o cereal havia acabado". A criança era encorajada a fazer previsões deste tipo em diversas ocasiões. De modo geral, os resultados foram bastante semelhantes àqueles obtidos no estudo anterior – as crianças com dificuldades se beneficiaram do treinamento, melhorando a capacidade de fazer inferências.

Um terceiro estudo foi realizado; nele, além do grupo controle, existiam dois grupos experimentais. Um grupo era treinado especificamente a fazer inferências, seguindo o mesmo procedimento adotado nos demais estudos que consistia em encontrar as palavras que serviam de pistas e em adivinhar qual era a sentença escondida. Outro grupo era treinado na habilidade de monitoramento, a partir de cartões que continham palavras próprias de perguntas, como: *Por quê?*, *O quê?* e *Quando?*. As crianças eram, então, ensinadas a elaborar perguntas sobre o texto usando tais palavras. Em ambas as formas de intervenção, observou-se um progresso significativo em relação à compreensão de textos.

As discussões conduzidas pelas autoras a respeito dos resultados dessas investigações evidenciam que, embora todos os tipos de intervenção fornecidos tenham propiciado uma melhora na compreensão, a intervenção mais efetiva foi aquela que envolvia a combinação de inferência com monitoramento.

King (2007) investigou a eficácia de uma estratégia de compreensão para desenvolver o que ela denomina compreensão profunda. A estratégia era fazer perguntas sobre o texto e solicitar explicações e inferências acerca do material lido, em um contexto de discussão na sala de aula. A estratégia de solicitar autoexplicações também é apontada por Chi, Leeuw, Chiu e Lavancher (1994), sendo bastante eficaz no desenvolvimento da compreensão de textos.

Fuchs e Fuchs (2007) examinaram a possibilidade de desenvolver a capacidade de compreensão profunda a partir de uma aprendizagem colaborativa em que duplas de alunos com diferentes níveis de compreensão (habilidosos e menos habilidosos) alternavam entre si o papel de tutor em situações de leitura de textos.

Fica evidente, portanto, a possibilidade de desenvolver habilidades de compreensão em crianças, em especial naquelas com dificuldades. Importante salientar que tais estudos foram realizados individualmente em situações experimentais controladas, cabendo perguntar se seria possível desenvolver a compreensão de textos em situações naturais, como o contexto escolar.

Considerando esta possibilidade, Spinillo (2008) conduziu um estudo de intervenção em sala de aula com alunos com dificuldades de compreensão. A intervenção caracterizava-se fundamentalmente por situações voltadas para o estabelecimento de inferências e para a tomada de consciência dos alunos acerca de seu próprio processo de compreensão, focalizando as fontes geradoras das inferências que estabeleciam quando da leitura de textos de diferentes gêneros. A partir de um pré-teste, foram formados dois grupos de participantes com níveis equivalentes de dificuldade de compreensão: um grupo controle e outro experimental.

Às crianças do grupo experimental foi proporcionada uma intervenção específica em sala de aula pela própria professora, instruída e orientada antes e durante as quatro semanas de duração da intervenção pela pesquisadora. A partir de atividades individuais e em grupo, a professora realizava atividades de leitura de textos, nas quais os alunos tinham, basicamente, que estabelecer inferências a partir da integração de informações intra e extratextuais, além de realizar atividades metatextuais de monitoramento e de tomada de consciência das bases geradoras de suas inferências ao ler os textos. A leitura dos textos era feita de duas maneiras: uma denominada metodologia *offline*, em que são feitas perguntas após a leitura de todo o texto; e outra denominada metodologia *online*, em que são feitas perguntas ao longo do texto a respeito do que foi lido até então, consistindo, portanto, em uma leitura interrompida.[6] Nas diferentes atividades propostas, os alunos eram solicitados a: 1) identificar o tema e as principais ideias dos textos; 2) fazer inferências de previsão; 3) identificar passagens no texto (palavras e sentenças) que serviam de base para a geração de inferências; e 4) relacionar as informações textuais a suas próprias experiências e seu conhecimento de mundo.

No pré-teste, como já mencionado, não foram identificadas diferenças significativas entre os grupos que apresentavam o mesmo nível

[6] Esta metodologia foi utilizada por Spinillo e Mahon (2007) em pesquisa sobre diferentes tipos de inferências em crianças e mostrou-se particularmente interessante no exame de inferências de previsão.

de dificuldade de compreensão textual; porém, no pós-teste, as crianças do grupo experimental tiveram um desempenho superior em relação àquelas do grupo controle. Comparações mostraram que as crianças do grupo experimental alcançavam níveis de compreensão mais elaborados no pós-teste (após a intervenção) que no pré-teste (antes da intervenção); as crianças do grupo controle não apresentaram qualquer diferença, continuando com o mesmo nível de dificuldade identificado no pré-teste. Spinillo (2008) concluiu que a intervenção favoreceu a compreensão, auxiliando as crianças a alcançarem níveis de compreensão mais sofisticados. Dois aspectos merecem ser destacados a respeito do progresso observado neste estudo. O primeiro refere-se ao fato de que as crianças que participaram da intervenção apresentaram maior capacidade de estabelecer e explicar as bases de suas inferências que as que não participaram. O segundo aspecto refere-se ao fato de que essas crianças eram capazes de identificar as principais informações dos textos com muito mais precisão e adequação que as crianças que não haviam participado da intervenção.

Segundo nossa análise, esses dois aspectos decorrem do fato de a intervenção promover atividades que requeriam da criança:

1. tomar o texto como objeto de reflexão e análise; identificando as ideias principais e identificando as informações intratextuais que serviam de base para a geração de inferências;
2. tomar seu próprio pensamento como objeto de reflexão, explicitando suas formas de pensar sobre o texto, as bases geradoras das inferências estabelecidas e comparando sua perspectiva com a dos colegas.

Esses dois aspectos são atividades metatextuais e metacognitivas, nas quais o texto e o próprio pensamento tornaram-se objeto de análise, fazendo da leitura dos textos uma atividade consciente e reflexiva. É possível que a tomada de consciência de seu processo inferencial tenha auxiliado a superar as dificuldades de compreensão anteriormente experimentadas.

Os resultados obtidos nos estudos aqui discutidos demonstram que é possível desenvolver habilidades de compreensão de textos, seja em situações experimentais controladas, seja em situações menos controladas, como a sala de aula. Em vista disso, a compreensão de texto poderia ser um objeto de ensino passível de um tratamento didático. Esse tratamento didático seria aplicado a muitas das situações de intervenção apresentadas nas pesquisas mencionadas, adaptadas para o contexto de sala de aula. O professor poderia, por exemplo, propor a seus alunos:

1. o uso da estratégia de criar uma imagem mental acerca do conteúdo de cada sentença durante a leitura de textos;
2. pedir que indiquem no texto as palavras que serviram de base para responder a determinada pergunta feita pelo professor;
3. monitorar sua compreensão, identificando passagens problemáticas em um texto anômalo;
4. elaborar perguntas sobre informações contidas no texto que pudessem guiar a compreensão;
5. estabelecer inferências, por exemplo, descobrindo sentenças "escondidas" (informação a ser inferida) no texto;
6. situações em que tenha que explicitar a fonte geradora de suas inferências, explicando as relações estabelecidas entre informações intratextuais e extratextuais.

Cabe aqui relembrar, como documentado por Brown, Palinscar e Armbuster (1984) e Yuill e Oakhill (1991), que a associação entre o estabelecimento de inferências e o monitoramento pode propiciar o desenvolvimento da compreensão de textos, auxiliando na superação de dificuldades.

Além de resultados de pesquisas, há obras na literatura que apresentam algumas recomendações de como desenvolver a compreensão de textos (Marcuschi, 2008; Dias, Ferreira & Roazzi, 2010). Vidal-Abarca e Rico (2003), sobretudo no que concerne a situações que favorecem o estabelecimento de inferências, sugerem que o leitor seja solicitado a responder a perguntas que versem sobre informações não literais; a explicitar o que foi lido (seja uma passagem, seja todo o texto); e que o professor crie situações que ativem os conhecimentos prévios do leitor (linguísticos e sociais). Colomer e Camps (2002) ressaltam, ainda, a importância de o leitor distinguir, em um texto, as principais ideias das ideias secundárias, sugerindo atividades que se voltam para a hierarquização dos assuntos presentes em um texto. Kleiman (2002b) enfatiza que o conhecimento textual, especialmente acerca da estrutura do texto e tipos de discurso, desempenha papel importante na compreensão.

A dimensão social também deve ser considerada nas práticas escolares. Solé (1998) e Colomer e Camps (2002) comentam que é necessário refletir sobre as situações em que os alunos são solicitados a ler na sala de aula, propondo contextos reais de leitura, tais como textos de outras disciplinas ou relacionados à vida e aos interesses dos alunos, de maneira que se aplique ao ato de ler um sentido enquanto prática social, ou seja, que se tenha um propósito para a leitura na sala de aula. Esses contextos reais de leitura romperiam com a tendência de criar situações em que se lê para aprender a ler, e não para alcançar um objetivo, como saber o que diz o texto, ou pelo simples prazer da leitura. O conhecimento de mundo do leitor (Dell'Isola, 2001; Kleiman, 2002a) também precisa ser considerado, de maneira que cabe ao professor não apenas acionar esse conhecimento antes e durante a leitura, como considerar as diferentes interpretações que um mesmo texto possa ter por parte de diferentes alunos. Conhecer, comparar interpretações e discuti-las em sala de aula é atividade facilmente realizada e coordenada pelo professor. Isso tem repercussões sobre a forma de avaliar o desempenho dos alunos, uma vez que o professor terá que aceitar diversas interpretações como apropriadas, e não apenas uma, como frequentemente se observa nas avaliações escolares.

Ainda a respeito da dimensão social da compreensão, todos os autores que refletem acerca do ensino são unânimes em enfatizar a importância de trabalhar a compreensão em relação a diferentes gêneros textuais em termos das situações de uso dos textos, que são fundamentais para que, de fato, sejam propostos contextos reais de leitura em que o texto, ainda que inserido em uma proposta didática, se torne um evento comunicativo (Marcuschi, 2008).

Outro aspecto que merece ser destacado é a importância dada pelos pesquisadores às situações colaborativas em sala de aula, nas quais discussões e autoexplicações sejam estratégias para desenvolver a compreensão de textos (Fuchs & Fuchs, 2007; King, 2007).

Essas são apenas algumas das muitas possibilidades que podem nortear a prática do professor ao tornar a compreensão de texto, com todas as suas dimensões, um objeto de ensino passível de tratamento didático.

Considerações finais

Dada sua relevância e sua complexidade, a compreensão de textos é objeto de reflexões teóricas e de investigações diversas, sendo, ainda, um desafio para educadores que, insatisfeitos com o nível de compreensão de seus alunos, procuram entender as dificuldades apresentadas e propor situações de ensino que promovam o desenvolvimento de níveis mais sofisticados de compreensão textual.

Como brevemente apresentado neste capítulo, há muitos fatores responsáveis pela compreensão de textos, os quais se agrupam, se distribuem (de forma combinada e articulada) e perpassam a dimensão social, linguística e cognitiva. Cada um deles, embora necessário, é por si insuficiente para explicar e responsabilizar-se pela compreensão de um texto. De forma análoga, nenhuma das dimensões aqui discutidas pode ser a única considerada nos modelos teóricos; isto é, nenhum modelo teórico pode se concentrar em apenas uma dessas dimensões. Na realidade, essas dimensões são indissociáveis, atuando de forma conjunta e articulada, sendo tratadas separadamente apenas quando discutidas e pesquisadas, recebendo ênfases distintas por parte de estudiosos em função de suas perspectivas teóricas e da necessidade de aprofundamento.

Seja a partir de resultados de pesquisas, seja a partir de modelos teóricos, é possível traçar um perfil do que se entende por leitor competente. O leitor competente 1) deduz informação não explicitada; 2) integra, simultaneamente, informações oriundas de diferentes fontes (intra e extratextuais); 3) aciona o conhecimento de mundo apropriado, atribuindo significados que vão além do texto e que são por ele autorizados; e 4) toma consciência e supervisiona constantemente sua própria compreensão, sendo capaz de propor ações que permitam superar as dificuldades identificadas. Em resumo, esse leitor precisa estar preparado para lidar com a materialidade linguística do texto, assumindo, gradativamente, o controle de seu processo de compreensão e a criação de alternativas de superação de suas dificuldades e, sobretudo, estabelecendo inferências a partir do texto, de seu conhecimento de mundo e de sua bagagem sociocultural.

O desafio maior parece ser o de estabelecer uma ponte entre conhecimentos teóricos, empíricos e a educação, de maneira que esta possa atender às demandas da sociedade para formar leitores cada vez mais competentes. Nesta perspectiva, a compreensão de textos torna-se mais que uma habilidade a ser desenvolvida ou um processo a ser descrito e caracterizado, mas um objeto de ensino a ser tratado didaticamente (e,g., Colomer & Camps, 2002; Jolibert & Sraïki, 2008; Lerner, 2002; Solé, 1998; Spinillo, 2008; Viana & Martins, 2009). Se do ponto de vista teórico e empírico já dispomos de um conjunto expressivo de informações a respeito da compreensão de textos e das dificuldades experimentadas por leitores iniciantes ou com dificuldades, do ponto de vista educacional ainda são necessárias mais informações acerca de como desenvolver a compreensão de textos na sala de aula, de maneira a considerar as três dimensões aqui discutidas. Este é um desafio possível.

Referências bibliográficas

Balota, D. (1990). The Role of Meaning in Word Recognition. In D. Balota, G. Flores D' Arcais & cols. (Orgs.). *Comprehension Processes in Reading* (pp. 9-32). Hillsdale, NJ: Lawrence Erlbaum Associates.

Brandão, A. C. P., & Oakhill, J. (2005). How Do You Know This Answer? – Children's Use of Text Data and General Knowledge in Story Comprehension. *Reading and Writing*, 18, 687-713.

Brandão, A. C. P., & Spinillo, A. G. (1998). Aspectos gerais e específicos na compreensão de textos. *Psicologia: Reflexão e Crítica*, 11(2), 253-72.

Brown, A. L., Palinscar, A. S., & Armbuster, B. B. (1984). Instructing Comprehension: Fostering Actives in Interactive Learning Situations. In

H. Mandl, N. L. Stein & T. Trabasso (Orgs.). *Learning and Comprehension of Text* (pp. 255-86). Hillsdale, NJ: Lawrence Erlbaum Associates.

Buarque, L. L., Higino, Z. M., Miranda, E. M., Dubeux, M. H., & Pedrosa, I. (1992). Avaliação do desempenho da rede pública escolar do Estado de Pernambuco na área de linguagem. *Estudos em Avaliação Educacional*, 5, 95-106.

Cain, K., & Oakhill, J. (1996). The Nature of the Relationship Between Comprehension Skill and the Ability to Tell a Story. *British Journal of Developmental Psychology*, 14, 187-201

Cain, K., & Oakhill, J. (2004). Reading Comprehension Difficulties. In T. Nunes & P. Bryant (Orgs.). *Handbook of Children's Literacy* (pp. 313-38). Londres: Kluwer Academic Press.

Carlisle, J. F. (2000). Awareness of the Structure and Meaning of Morphologically Complex Words: Impact on Reading. *Reading and Writing: An Interdisciplinary Jounal*, 12, 169-90.

Chi, M. T. H., Leeuw, N., Chiu, M. H., & Lavancher, C. (1994). Eliciting Self--Explanations Improves Understanding. *Cognitive Science*, 18, 439-77.

Colomer, T., & Camps, A. (2002). *Ensinar a ler, ensinar a compreender*. Porto Alegre: Artmed.

Correa, J., & Dockrell, J. E. (2007). Unconventional Words Segmentation In Brazilian Children's Early Text Production. *Reading and Writing*, 20(8), p. 815-31.

Coscarelli, C. V. (2003). Inferência: Afinal o que é isso? Belo Horizonte: FALE/UFMG. Disponível em http://bbs.metalink.com.br/~1coscarelli/publica.htm. Acesso em 9 fev. 2010.

Dell'Isola, R. L. P. (2001). *Leitura: inferências e contexto sociocultural*. Belo Horizonte: Formato Editorial.

Dias, M. G., Morais, E. P. M., & Oliveira, M. C. N. P. (1995). Dificuldades na compreensão de textos: Uma tentativa de remediação. *Arquivos Brasileiros de Psicologia*, 47(4), 13-24.

Dias, M. G., Ferreira, S. P., & Roazzi, A. (2010). Exercícios e estratégias aplicados em sala de aula para uma melhor compreensão de texto. In S. R. K. Guimarães & M. R. Maluf (Orgs.). *Aprendizagem da linguagem escrita* (p. 343-54). São Paulo: Vetor.

Ehri, L. (1992). Reconceptualizing the Development of Sight Word Reading and its Relationship to Recording. In P. Gough, L. Ehri & R. Treiman (Orgs.). *Reading Acquisition*. Hillsdale: Lawrence Erlbaum Associates, p. 107-43.

Ferreira, S. P. A., & Dias, M. G. B. B. (2002). Compreensão de leitura: estratégias de tomar notas e da imagem mental. *Psicologia: Teoria e Pesquisa*, 18(1), 51-62.

Fuchs, D.. & Fuchs, L. S. (2007). Increasing Strategic Reading Comprehension With Peer-Assisted Learning Activities. In D. S. McNamara (Org.). *Reading Comprehension Strategies: Theories, Interventions and Technologies* (pp. 175-97). Nova York: Lawrence Erlbaum Associates.

Fletcher, C. R., van der Broek, P., & Arthur, E. J. (1996). A Model of Narrative Comprehension and Recall. In B. K. Britton & A. C. Graesser (Orgs.). *Models of Understanding Text* (pp. 141-63). Mahwah: Lawrence Erlbaum.

Graesser, A.; Singer, M. & Trabasso, T. (1994). Constructing Inferences During Narrative Text Comprehension. *Psychological Review*, 101(3), 271-395.

Graesser, A., & Zwaan, R. (1995). Inference Generation and the Construction of Situation Models. In C. Weaver, S. Mannes & C. Fletcher (Orgs.). *Discourse Comprehension: Essays in Honor of Walter Kintsch* (pp. 117-39). Hillsdale, NJ: Lawrence Erlbaum Associates.

Jolibert, J., & Sraïki, C. S. (2008). *Caminhos para aprender a ler e escrever*. São Paulo: Editora Contexto.

Jou, G. I., & Sperb, T. (2009). Lectura compreensiva: estudo de intervención. *Interamerican Journal os Psychology*, 43, 12-21.

Kato, M. (1998). *O aprendizado da leitura*. São Paulo: Martins Fontes.

King, A. (2007). Beyond Literal Comprehension: A Strategy to Promote Deep Understanding of Text. In D. S. McNamara (Org.). *Reading Comprehension Strategies: Theories, Interventions and Technologies* (pp. 267-90). Nova York: Lawrence Erlbaum Associates.

Kintsch, W. (1993). Information Accretion and Reduction in Text Processing: Inferences. *Discourse Processes*, 16(1-2), 193-202.

Kintsch, W. (1998). *Comprehension: A Paradigm For Cognition*. Cambridge: Cambridge University Press.

Kleiman, A. (2002a). *Oficina de leitura: teoria e prática*. Campinas: Pontes.

Kleiman, A. (2002b). *Texto e leitor: aspectos cognitivos da leitura*. Campinas: Pontes.

Koch, I. V., & Elias, V. M. (2006). *Ler e compreender: os sentidos do texto*. São Paulo: Editora Contexto.

Lerner, D. (2002). *Ler e escrever na escola: o real, o possível e o necessário*. Porto Alegre: Artmed.

Marcuschi, L. A. (1985). Leitura como processo inferencial num universo cultural-cognitivo. *Leitura: Teoria e Prática*, 4, 3-16.

Marcuschi, L. A. (2008). *Produção textual, análise de gêneros e compreensão*. São Paulo: Parábola.

McNamara, D. S. (2007). *Reading Comprehension Strategies: Theories, Interventions and Technologies*. Nova York: Lawrence Erlbaum Associates.

Mota, M. M. P. E. (2008). Algumas considerações a respeito do que as crianças sabem sobre a morfologia derivacional. *Interação em Psicologia*, 12(1), 115-23.

Mota, M. M. P. E. (Org.). (2009). *Desenvolvimento metalinguístico: questões contemporâneas*. São Paulo: Casa do Psicólogo.

Mota, M. M. P. E. (2010). Refletindo sobre o papel da consciência morfológica nas dificuldades de leitura e escrita. In S. R. K. Guimarães & M. R. Maluf (Orgs.). *Aprendizagem da linguagem escrita* (pp. 153-72). São Paulo: Vetor.

Oakhill, J., & Cain, K. (2004). The Development of Comprehension Skills. In T. Nunes & P. Bryant (Orgs.). *Handbook of Children's Literacy* (pp. 155-80). Londres: Kluwer Academic Publishers.

Oakhill, J., & Garnham, A. (1988). *Becoming a Skilled Reader*. Oxford: Basil Blackwell.

Oakhill, J., & Patel, S. (1991). Can Imagery Training Help Children Who Have Comprehension Problems? *Journal of Research in Reading*, 14, 106-15.

Oakhill, J., & Yuill, N. (1996). Higher Order Factors in Comprehension Disability: Processes and Remediation. In C. Cornoldi & J. Oakhill (Orgs.). *Reading Comprehension Difficulties: Processes and Intervention* (pp. 69-92). Mahwah, NJ: Lawrence Erlbaum Associates.

Perfetti, C. A. (1992). Capacidade para a leitura. In R. J. Sternberg (Org.). *As capacidades intelectuais humanas* (pp.72-6). Porto Alegre: Artes Médicas.

Perfetti, C. A. (1985). *Reading Ability*. Oxford: Oxford University Press.

Perfetti, C. A., Marron, M., & Foltz, P. (1996). Sources of Comprehension Failure: Theoretical Perspective and Case Studies. In C. Cornoldi & J. Oakhill (Orgs.). *Reading Comprehension Difficulties: Processes and Intervention* (pp. 137-65). Mahwah, NJ: Lawrence Erlbaum Associates.

Pressley, G. M. (1976). Mental Imagery Helps Eight-Year-Olds Remember What They Read. *Journal of Educational Psychology*, 68, 355-9.

Ruffman, T. (1996). Reassessing Children's Comprehension-Monitoring Skills. In C. Cornoldi & J. Oakhill (Orgs.). *Reading Comprehension Difficulties: Processes and Intervention* (pp. 33-67). Mahwah, NJ: Lawrence Erlbaum Associates.

Salles, J. F., & Parente, M. A. M. P. (2002). Processos cognitivos na leitura de palavras em crianças: relações com compreensão e tempo de leitura. *Psicologia: Reflexão e Crítica*, 15(2), 321-31.

Salles, J. F., & Parente, M. A. M. P. (2004). Compreensão textual em alunos de segunda e terceira séries: uma abordagem cognitiva. *Estudos de Psicologia*, 9(1), 71-80.

Sampaio, M. C. H., & Spinillo, A. G. (1986). Compreensão de narrativas: inferências pragmático-culturais. *Cadernos de Estudos Sociais*, 2(2), 529-41.

Solé, I. (1998). *Estratégias de leitura*. Porto Alegre: Artmed.

Solé, I. (2003) Ler, leitura, compreensão: sempre falamos a mesma coisa? In A. Teberosky, C. Oller & cols. (Orgs.). *Compreensão de leitura: a língua como procedimento* (pp. 17-34). Porto Alegre: Artmed.

Spinillo, A.G. & Hodges, L. V. S. D. (2012). Análise de erros e compreensão de textos: comparações entre diferentes situações de leitura. Psicologia: *Teoria e Pesquisa*, 28(4), 381-388.

Spinillo, A. G. (2008). O leitor e o texto: desenvolvendo a compreensão de textos na sala de aula. *Interamerican Journal of Psychology*, 42(1), 29-40.

Spinillo, A. G., & Mahon, E. da R. (2007). Compreensão de texto em crianças: aomparações entre diferentes classes de inferência a partir de uma metodologia on-line. *Psicologia: Reflexão e Crítica*, 20(3), 463-71.

Stanovich, K., West, R., Cunningham, A. E., Cipielewski, J., & Siddiqui, S. (1996). The Role of Inadequate Print Exposure as a Determinant of Reading Comprehension Problems. In C. Cornoldi & J. Oakhill (Orgs.).

Reading Comprehension Difficulties: Processes and Intervention (pp. 15-32). Mahwah, NJ: Lawrence Erlbaum Associates.

Stothard, S. E. (1992). *Reading Difficulties in Children: Problems of Decoding and Comprenbesion.* Unpublished Doctoral Dissertation, University of York, England.

Tolchinsky, L., & Pipkin, M. (2003). Seis leitores em busca de um texto. In A. Teberoskya C. Oller & cols. (Orgs.). *Compreensão de leitura: a* língua como procedimento (pp. 95-105). Porto Alegre: Artmed.

Viana, F. L., & Martins, M. (2009). Dos leitores que temos aos leitores que queremos. Em I. Ribeiro & F. L. Viana (Orgs.). *Dos leitores que temos aos leitores que queremos: ideias e projectos para promover a leitura* (pp. 9-42). Coimbra: Almedina.

Vidal-Abarca, E., & Rico, G. M. (2003). Por que os textos são tão difíceis de compreender? As inferências são a resposta. In A. Teberosky, C. Oller & cols. (Orgs.). *Compreensão de leitura: a* língua como procedimento (pp. 139-54). Porto Alegre: Artmed.

Yuill, N., & Oakhill, J. (1991). *Children's Problems in Text Comprehension: An Experimental Investigation.* Cambridge: Cambridge University Press.

Sobre as organizadoras

Márcia Maria Peruzzi Elia da Mota

Graduada em Psicologia na Universidade do Estado do Rio de Janeiro e mestre em Métodos de Pesquisa em Psicologia pela Universidade de Reading, Inglaterra. Doutora em Psicologia pela Universidade de Oxford, Inglaterra. Professora Titular do Programa de Psicologia da Universidade Salgado de Oliveira e Professora Adjunta da Universidade do Estado do Rio de Janeiro. Bolsista de Produtividade em Pesquisa do CNPq.

Alina Spinillo

Psicóloga pela Universidade Federal de Pernambuco. Mestre em Psicologia Cognitiva pela Universidade Federal de Pernambuco. Doutora em Psicologia do Desenvolvimento pela Universidade de Oxford, Inglaterra. Pós-doutorado na Universidade de Sussex, Inglaterra. Professora Titular do Departamento de Psicologia e da Pós-Graduação em Psicologia Cognitiva da Universidade Federal de Pernambuco. Bolsista de Produtividade em Pesquisa do CNPq.

Sobre os autores

Acácia Aparecida Angeli dos Santos

Psicóloga e Mestre em Psicologia pela Pontifícia Universidade Católica de Campinas. Doutora em Psicologia Escolar e do Desenvolvimento Humano pela Universidade de São Paulo. Professora Titular da Universidade São Francisco na graduação e no Programa de Pós-Graduação *stricto sensu* em Psicologia. Bolsista de Produtividade em Pesquisa do CNPq.

Adriana Benevides Soares

Psicóloga pela Universidade Federal do Rio de Janeiro. Mestre e Doutora em Psicologia Cognitiva pela Universidade de Paris XI. Professora Adjunta da Universidade do Estado do Rio de Janeiro e Professora

Titular da Universidade Salgado de Oliveira. Bolsista de Produtividade em Pesquisa do CNPq.

Antonio Roazzi

Psicólogo pela Universitá degli Studi di Roma "La Sapienza". Mestre em Psicologia Cognitiva pela Universidade Federal de Pernambuco. Doutor em Psicologia do Desenvolvimento pela Universidade de Oxford, Inglaterra. Pós-doutorado na Universidade de Londres, Inglaterra, na Universidade de Oxford, Inglaterra, e no Instituto Di Scienze e Tecnologie Della Cognizione, Itália. Professor Titular do Departamento de Psicologia e da Pós-Graduação em Psicologia Cognitiva da Universidade Federal de Pernambuco. Bolsista de Produtividade em Pesquisa do CNPq.

Bianca Queiroga

Fonoaudióloga pela Universidade Católica de Pernambuco. Mestre e Doutora em Psicologia Cognitiva pela Universidade Federal de Pernambuco. Professora Adjunta do Departamento de Fonoaudiologia da Universidade Federal de Pernambuco e docente colaboradora do Programa de Pós-Graduação em Saúde da Criança e do Adolescente na Universidade Federal de Pernambuco.

Carolina Conti

Fonoaudióloga pelo Centro de Ensino Superior de Juiz de Fora/MG. Psicóloga pela Universidade Federal de Juiz de Fora. Mestre em Psicologia pela Universidade Federal de Juiz de Fora.

Evely Boruchovitch

Psicóloga. Ph.D. em Educação pela University of Southern Califórnia. Professora Titular do Departamento de Psicologia Educacional e do Programa de Pós-Graduação em Educação da Faculdade de Educação da Unicamp. Membro do Grupo de Estudos e Pesquisas em Psicopedagogia (Gepesp-Unicamp). Bolsista produtividade do CNPq.

Jane Correa

Psicóloga pela Universidade do Estado do Rio de Janeiro. Mestre em Psicologia Cognitiva pela Fundação Getúlio Vargas. Doutora em Psicologia do Desenvolvimento pela Universidade de Oxford, Inglaterra. Pós-doutorado no Instituto de Educação da Universidade de Londres, Inglaterra. Professora Associada do Departamento de Psicologia Geral e Experimental e da Pós-Graduação em Psicologia da Universidade Federal do Rio de Janeiro. Bolsista de Produtividade em Pesquisa do CNPq.

Katya Luciane de Oliveira

Psicóloga e Mestre em Psicologia em Avaliação Psicológica pelo Programa de Pós-Graduação *stricto sensu* em Psicologia da Universidade São Francisco-Itatiba, doutora em Psicologia do Desenvolvimento Humano e Educação pela Faculdade de Educação da Universidade Estadual de Campinas. É Professora Adjunta do Curso de Psicologia e do Mestrado em Educação da Universidade Estadual de Londrina.

Luciana Hodges

Possui graduação em Psicologia pela Universidade Católica de Pernambuco (2000), Especialização em Psicologia da Família pela Faculdade Frassinetti do Recife (2003), e Doutorado em Psicologia Cognitiva pela Universidade Federal de Pernambuco (2010). É membro do corpo editorial da Revista de Direito Médico e da Saúde, editada pela Apedimes – Associação Pernambucana de Direito Médico e da Saúde. Tem experiência na área de Psicologia, com ênfase em Psicologia Clínica e em Psicologia Cognitiva, atuando principalmente nos seguintes temas: cuidados paliativos, bioética, compreensão de textos, geração de inferências, metodologia *online*, erros de compreensão, bilinguismo e validação de testes de avaliação psicológica.

Luciana Ribeiro Pinheiro

É doutoranda em educação, na linha cognição, aprendizagem e desenvolvimento humano, pela Universidade Federal do Paraná (início em 2008). É mestre em Educação pela Universidade Federal do Paraná, na linha cognição, aprendizagem e desenvolvimento humano (2007), especialização em Psicopedagogia e em Neuropsicologia, graduada em Pedagogia pela Universidade do Estado da Bahia (2001). É professora substituta na Universidade Federal do Paraná, atua em diversos cursos de Pós-Graduação (principalmente nos cursos de psicopedagogia, neuropsicologia, educação especial, teorias e práticas de ensino), atuando principalmente nos seguintes temas: problemas de aprendizagem, leitura e escrita – aquisição e desenvolvimento, processos de aprendizagem na educação infantil, séries iniciais, formação de professores, neuropsicologia cognitiva.

Maíra M. Roazzi

Possui graduação em Psicologia pela Universidade Católica de Pernambuco (2004). Tem experiência na área de Psicologia, com ênfase em Psicologia Cognitiva, atuando principalmente nos seguintes temas: conceito de morte, Perspectiva secular, Perspectiva religiosa.

Maria Aparecida Mezzalira Gomes

É pedagoga, especialista em Psicopedagogia, doutora em Psicologia Escolar e do Desenvolvimento Humano pela Faculdade de Educação da Universidade Estadual de Campinas. É Professora Titular da Escola Superior de Educação Física de Jundiaí e professora convidada do Curso de Pós-Graduação *lato sensu* do Centro Universitário de Barra Mansa.

Sandra Regina Kirchner Guimarães

Possui graduação em Psicologia pela Pontifícia Universidade Católica do Paraná (1977), graduação em Pedagogia pela Faculdade de Filosofia Ciências e Letras de Palmas (1976), mestrado em Educação pela Universidade Federal do Paraná (1990) e doutorado em Psicologia Escolar e do Desenvolvimento Humano pela Universidade de São Paulo

(2001). Atualmente é Professora Associada da Universidade Federal do Paraná. Tem experiência na área de Educação, com ênfase em Teorias da Instrução, atuando principalmente nos seguintes temas: processo de aprendizagem, aquisição e aperfeiçoamento da linguagem escrita, habilidades metacognitivas e metalinguísticas, dificuldades de aprendizagem da leitura e da escrita.

Silvia Brilhante Guimarães

É graduada em Psicologia pelo Centro de Ensino Superior de Juiz de Fora e em pedagogia pela Universidade Federal de Juiz de Fora, mestre em Psicologia pela Universidade Federal de Juiz de Fora. Atualmente é coordenadora pedagógica da Prefeitura Municipal de Juiz de Fora.

Rafaella Asfora

Possui graduação em Fonoaudiologia pela Universidade Católica de Pernambuco – UNICAP (1999), Mestrado em Psicologia Cognitiva pela Universidade Federal de Pernambuco – UFPE (2002), Especialização em Linguagem pelo Conselho Federal de Fonoaudiologia – CFFa (2003) e Doutorado em Psicologia Cognitiva pela Universidade Federal de Pernambuco – UFPE (2007). Tem experiência na área de Psicologia e Fonoaudiologia. Ênfase em Psicologia Cognitiva, atuando principalmente com os seguintes temas: aquisição e desenvolvimento da linguagem oral e escrita; habilidades metalinguísticas; tradução, adaptação e validação de testes de avaliação psicológica.

Renata Mousinho

Graduada em Fonoaudiologia (1990), especializada em Psicomotricidade pelo Institut Supérieur de Rééducation Psychomotrice/Paris (1992), mestre em Linguística pela Universidade Federal do Rio de Janeiro (2000) e doutora em Linguística pela Universidade Federal do Rio de Janeiro (2003). Realizou seu Estágio Pós-Doutoral no Programa de Pós-Graduação em Psicologia da Universidade Federal do Rio de Janeiro (2008). É professora da Universidade Federal do Rio de Janeiro desde 1997, onde coordena o ambulatório de Transtornos da Língua Escrita e ministra aulas teóricas na área. Tem experiência na área de Fonoaudiologia, com ênfase em Linguagem, atuando principalmente com os seguintes temas: linguagem, leitura, escrita, dislexia e Síndrome de Asperger.

Thamires de Abreu Emmerick

É aluna do curso de Psicologia da Universidade do Estado do Rio de Janeiro, onde cursa o décimo período. Realiza estágio em Clínica e Psicodiagnóstico Infantil, como bolsista Depext do Projeto de Extensão de Assistência as Crianças Vítimas de Violência.